행동의 완결

— 행동과 성취를 완전히 달라지게 만들 단 한 권의 책

―― 행동과 성취를 완전히 달라지게 만들 단 한 권의 책 ――

행동의 완결

김재성 지음

안나푸르나

들어가며

모든 시작을 완결로 이끌어라

"축하합니다."

  이 책이 있다는 사실을 알게 된 여러분은 구매하거나 빌려서 드디어 이 책의 첫 장을 펼쳤습니다. 생각해보면 지금까지의 행동은 결코 만만한 일이 아닙니다. 대다수 사람들은 이렇게 마주하게 되는 기회를 잘 살리지 못합니다. 이 시점부터 여러분은 해냈고 다른 사람들은 하지 못했다는 두 결론으로 나뉩니다.

  뿐만 아니라 이 책에 나오는 내용을 꼼꼼하게 읽고 나면 여러분의 추진력은 더욱 빨라질 겁니다. 아득하게 멀어 보이는 목표와의 격차도, 절대 따라 잡을 수 없을 것처럼 느껴지는 사람과의 격차도 점차 좁혀질 것입니다.

한 가지 당부하고 싶은 이야기가 있습니다. 책을 펼쳐 머리말을 읽고 있는 여러분 중에서도 '중도 포기자'가 나올 수 있습니다. 부디 중도에 포기하지 마세요. 그것은 시작하지 않는 것보다도 나쁜 결과입니다. 가장 소중한 자원인 시간을 투자했어도 성과를 보지 못하기 때문입니다. 그러니 이 책을 끝까지 읽어주세요. 시간이 얼마나 걸리는지는 중요하지 않습니다. 끝까지 책을 읽는 일이 훨씬 중요합니다.

다음의 3단계를 거치면 이 책을 끝까지 읽은 상태가 됩니다.

1. 이 책을 펼치고
2. 끝까지 읽은 다음
3. 생활에 적용한다.

여러분은 이미 첫 단계를 훌륭히 수행했습니다. 책을 읽고, 책의 내용을 실생활에 적용해보는 시도가 이 책으로부터 얻어갈 수 있는 '성과'입니다. 물론 지속적으로 시도를 반복하여 체화하는 과정 또한 필요하겠죠.

이제 펜을 찾아 다음 글을 작성해보세요. 오늘 날짜와 여러분의 이름을 적으십시오. 그런 다음, 이 책을 완독했을 때 다시 책을 펼쳐 그날의 날짜와 느낀 점을 한 줄로 적어보십시오. **이 작은 행동은 완결의 경험을 선사할 것입니다.**

['행동의 완결' 기록]

나, _____는

_____년 ____월 ____일에 『행동의 완결』을 처음 펼쳐 읽기 시작해,

_____년 ____월 ____일에 끝까지 읽어 하나의 '행동을 완결'했다.

이 '행동의 완결'을 통해 '성취'한 것이 있다면?

_____

_____

_____

_____

_____

이 책을 접하게 된 여러분께 축하드린다는 말씀을 다시 한번 전하며, 여러분의 모든 시작이 완결로 이어지기를 온 마음과 진심을 다해 응원하겠습니다.

목차

들어가며 모든 시작을 완결로 이끌어라 4

Chapter 1 완결이란 무엇인가?
완결, 미완결, 성공, 실패, 성취란 무엇인가? 15
완결의 4대 속성 22
목표란 무엇인가? 31
일의 4단계와 성공적 완결 36

Chapter 2 생각과 결심을 덜어내라
중요한 일에 보다 집중해서 반드시 완결하라 47
과업의 중요도 선정 및 완결 방법 50

Chapter 3 정보의 탐색과 계획으로 판을 바꿔라

정보 탐색 및 계획 단계: 지킬 수 있게 만든 계획은 완결의 열쇠가 된다 63

정보 탐색 단계: 정량적 정보와 정성적 정보의 탐색법은 다르다 64

계획 단계: 네모난 바퀴를 동그랗게 깎아라 70

Chapter 4 행동만이 힘이 있다

행동 단계: 습관과 환경을 바꿔라. 행동을 시작한 뒤 결코 멈추지 말라 87

행동의 4가지 종류: VAT, NVAT, IVAT, RVAT 88

완결을 향한 의지를 점검하라 93

정교한 행농을 위한 시간 관리 5원칙 99

행동 시간 설계: NVAT, RVAT, IVAT, VAT별 행동 극대화 전략 105

VAT의 절대량과 밀도를 극대화하는 방법 110

행동의 속성: 정체는 정체가 아니라 도태다 121

Chapter 5 행동 부스터로 완결에 다가가라

부스터 I: 체크인/체크아웃 계획법 131
부스터 II: 이슈를 컨트롤하라 139
부스터 III: 데드라인을 관리하라 145
부스터 IV: 완결 상태를 유지하기 위해 기간과 난이도를 정하라 147
부스터 V: 꾸준한 반복은 초보자를 전문가로 만든다 151

Chapter 6 번외편: 여전히 완결에서 멀리 떨어진 사람들을 위한 따끔한 질책

당신이 일을 완결하지 못하는 이유 159
잘못된 목표 설정 바로잡기 I-1: 스스로를 객관적으로 바라본다 164
잘못된 목표 설정 바로잡기 I-2: 목표 수치화를 통해 완결 가능성을 점검한다 170
잘못된 목표 설정 바로잡기 II: 목표 쪼개기를 통해 능력 부족을 만회한다 175

Chapter 7 완결을 기념하라.
그리고 또 다른 완결을 준비하라

완결 파티: 수고한 자신에게 반드시 보상을 주어라 185
완결 이후의 피드백: 완결 노트를 작성하라 189
완결 노트와 체크인/체크아웃 계획법 작성의 연계 199
결산 노트의 작성 201

마치며 해낼 수 없는 일은 없다. 오직 하지 않은 일이 존재할 뿐 204

Chapter 1

완결이란 무엇인가?

위대한 일들을 이루기 전에
스스로에게 위대한 일들을 기대해야 한다.
- 마이클 조던(미국 샬럿호네츠농구단 구단주)

'일을 완결한다'는 말의 의미는 무엇인가?
완결은 성공과 어떻게 다르며,
일과 목표에는 어떤 차이점이 있는가?
이번 장을 읽고 나면 '완결의 의미와 속성',
'성공, 실패 그리고 성취'에 대해 알게 된다.

완결, 미완결, 성공, 실패, 성취란 무엇인가?

　이 책에는 완결, 미완결, 성공, 성취, 실패라는 단어가 자주 등장한다. 때로 그 의미를 자의적으로 해석하거나 의미를 혼동할 독자가 있으리라 생각한다. 이를 방지하기 위해 본격적으로 이야기를 시작하기 전에 다섯 단어의 정의를 먼저 설명하겠다.
　우선 완결과 미완결의 정의는 다음과 같다.

> **【완결 vs 미완결】**
>
> • **완결**
> 일을 끝까지 마친 상태. 책을 예로 든다면, 책의 첫 페이지부터 마지막 페이지까지 모두 읽어야 완결이다.

> **· 미완결**
> 일을 더 이상 진행하지 않고 멈춘 상태머, 이후에도 진행할 가능성이 없거나 미미한 상태. 예를 들어, 책을 읽다 도중에 중단하고 다시 책장을 열어보지 않는다면 '그 책을 읽는 행동'은 미완결이다.

완결과 미완결은 결과로 구분한다. 완결과 미완결은 과정으로 구분하지 않는다.

대학 입시 수험생이 준비 기간 내내 열심히 공부를 했지만 정작 입시를 치르지 않았다면 이는 미완결이다. 반면, 비록 대학 입시를 열심히 준비하지 않았다 하더라도 입시를 치른 수험생은 완결했다고 할 수 있다.

취업을 준비하는 사람이 정말 열심히 면접에 대비했으나 당일 늦잠을 자는 바람에 면접을 치르지 못했다면 이는 미완결이다. 또 다른 취업 준비생은 면접을 열심히 준비하지는 않았으나 면접장에서 면접을 보았다면 이는 완결이다.

즉, 어떠한 일을 목표로 둔 상태로 과정과는 상관없이 실제 일을 끝까지 마쳤다면 완결이고, 그렇지 않다면 미완결이다. 일의 결과가 어땠든 끝까지 했으면 완결, 도중에 포기했다면 미완결이다.

성공, 실패 그리고 성취. 세 단어는 일을 완결했을 경우에만 마주하는 결과다. 각각의 정의는 다음과 같다.

> **【성공 vs 실패 vs 성취】**
>
> **• 성공**
> 목표를 100퍼센트 또는 그 이상 초과 달성한 상태.
>
> **• 실패**
> 목표를 100퍼센트 달성하지 못한 상태. 목표의 90퍼센트를 달성했어도 실패고, 10퍼센트를 달성해도 역시 실패다.
>
> **• 성취**
> 완결한 일로부터 깨닫게 된 점, 배우게 된 점 외에 파생된 효과. 성취는 일의 성패 여부와 관계 없으며, 성취를 끊임없이 쌓을수록 사람은 발전한다. 우리 속담 '가다가 중지하면 아니 감만 못하니라'와 정확하게 그 의미가 통한다. 미완결로 끝난 일에서 배울 수 있는 점은 전혀 없다. 설령 완결하지 못했으나 무언가를 얻었다고 생각할 수 있겠지만 일을 완결했을 때 얻는 성취와 질적으로 큰 차이가 난다.

많은 사람들이 미완결과 실패를 헷갈려 한다. 결론부터 말하면, 미완결과 실패는 다르다. 성공과 실패는 완결한 상태에만 적용되는 단어다. 미완결은 실패에도 이르지 못한 단계다.

지금껏 실패라고 여겨왔던 일이 사실은 실패가 아닌 미완결인 경우가 많다. 실패했기에 발전이 없다고 생각하기 쉽지만, 미완결했기에 발전이 없는 것이다. 성취가 없으면 발전할 수 없다. **성공을 넘보기 이전, 일을 완결하는 경험부터 쌓아나가야 하는 이유**가 바로 여기에 있다.

성취는 성공했을 때만 얻는 것이 아니다.

성공과 성취는 다른 말이다. 성공하지 않았다 해도 성취할 수 있다. 예를 들어, 입시 준비생이 목표하는 대학에 진학하기 위해 열심히 공부를 했으나 끝내 목표한 대학에 진학하지 못했다고 하자. 학생은 목표를 이룬 것이 아니다. 그러나 목표를 세우고, 계획을 잡고, 실천하면서 얻은 것이 과연 없을까? 학생의 노력은 학업 성취 능력을 향상시켰고, 노력을 기울이기 이전과 비교할 때 그 학생은 더 나은 실력을 갖춘 사람으로 성장했다. 따라서 성공하지 못했으나 성취했다고 할 수 있다. 노력을 통해 갖추게 된 실력은 대입에 재도전하더라도, 다른 대학을 다닌다 하더라도 어떤 식으로든 도움이 된다.

성공만이 능력과 사기를 모두 끌어올린다.

실패해도 성취를 얻을 수 있지만, 여전히 성공하기 위해 노력해야 한다. 성취는 능력의 발전을 이끄는 데 비해 성공은 향상된 능력과 더불어 승리의 경험을 준다. 승리는 다음번에도 '할 수 있다'는 자신감과 사기를 끌어올린다.

일을 시작해서 완결하는 과정은 전투에 비견할 수 있다. 치열한 전투를 치르고 나면, 승리했든 패배했든 교훈을 얻는다. 바로 이 교훈이 성취다. 상황에 맞는 전략을 익히게 되고, 앞으로는 어떤 전략을 사용해야 전투에서 승리할 수 있는지 깨닫게 된다. 다만, 전투에서 승리했을 때에만 교훈과 함께 다음 전투에서도 승리할 수 있다는 자신감이 붙는다. 승리의 경험을 통해 사기가 높아지는 원리다. 실패를 통해서도 능력은 어느 정도 향상될 수 있지만, 자신감은 오히려 하락하게 된다. 또한 성공했을 때 얻는 능력 향상은 실패했을 때 얻는 능력 향상보다 그 폭이 더 크다. 전투에서 승리해야만 전리품을 얻고 패배한 전투에서 얻을 수 있는 전리품은 존재하지 않는 이치와 같다.

우리가 하는 일도 마찬가지다. 일을 완결하면 성공과 실패 중 단 하나의 결과를 받아 들게 된다. 설령 완결했다 하더라도 실패했다면 성취하는 부분이 존재하더라도 심리적으로는 기쁘지 않다. 반면에 **성공하게 되면 다음 일 역시 성공할 수 있다는 자신감과 함께 능력도 향상된다.** 그리고 실패했을 때 얻는 성취보다 더 큰 폭의 성취를 얻게 된다. 실패하는 경우보다 좋은 성과를 냈기 때문에 성공이라는 결과를 얻을 수 있었고, 성공한 경험은 다음 일을 진행할 때 새로운 기준선이 된다. 축구 선수들은 '골 감각에 물이 올랐다'라는 표현을 쓰는데 이 역시 승리의 경험으로 능력 향상과 사기가 상승했다는 뜻이다. 골을 넣는 방법을 터득하는 동시에, 과거에 골을 성공시킨 경험을 통해 '이번에도 할 수 있다'는 자신감을 함께 가지게 된 결과다.

일을 완결하면서 능력 향상과 자신감 모두를 얻을 수 있는 방법은 성공뿐이다. 우리가 일을 하면서 '반드시 성공하겠다'고 마음먹어야 하는 이유다.

지금까지 설명한 다섯 단어를 품고 있는 일화가 있다. 발명왕 에디슨의 이야기다.

에디슨은 백열전구를 발명하기 위해 수많은 시행착오를 겪었다. 약 2천 번 이상의 실험 끝에 필라멘트가 쉽게 타버리지 않는 전구를 발명해낸 에디슨은 이렇게 말했다.
"나는 한 번도 실패한 적이 없다. 단지 2천 개의 단계를 거쳐 전구를 발명했을 뿐이다. 그러니 전구가 작동하지 않는 2천 가지의 방법을 알아낸 것이다."

에디슨은 실패하지 않았다고 했지만, 앞선 이 책의 정의에 따르면 에디슨은 무수한 실험을 진행했고 실패했다. 그는 모든 실험이 실패로 판명 날 때까지 미완결하지 않았다. 즉, 2천 번의 완결에서 '전구가 작동하지 않는 2천 가지의 방법'을 성취로 얻었고 끝내 성공을 일구어낼 수 있었다.

실제 일을 하는 환경도 마찬가지다. 회사에서 보고서를 만드는 과정을 생각해보자. 의사결정권자가 아닌 실무자라면 보고서 초안을 작성해 상급자와 회의를 거치며 보고서를 다듬어나간다. 초안을 완결한 뒤 상사에게 가져가면 최선을 다해 만들었을지라도 피드백을 받게 된다. 때로는 보고서의 내용 전체가 뒤집히기도 한다. 보고서가 완전히 뒤집혔다면 이는 초안을 완결했으나 그 초안이 실패한 셈이다. 그렇다고 거기서 일을 그만두면 미완결이다. 상사의 피드백을 반영하거나, 내가 작성한 방향이 맞다면 상사를 설득하며 보고서를 완성한다. 이렇게 만든 보고서를 최종적인 의사결정권자에게 보고하고, 보고서를 통해 원하는 내용을 얻어낸다면 그 일이 바로 성공이 된다.

위대한 사람이 완결하는 일과 우리가 일상에서 완결하는 일. 그 기본은 완전히 같다. **완결을 거듭하는 사람은 점차 성장하여 위대한 일을 할 수 있다.**

완결의 4대 속성

완결과 연관된 단어의 명확한 정의를 알았으니, 완결의 속성을 알아볼 차례다. 완결에는 다음과 같은 4대 속성이 있다.

【완결의 4대 속성】

1. 완결하려면 확실히 끝마쳐야 한다.
2. 완결은 오르막길 오르는 것이 아닌 암벽 등반이다.
3. 긍정적인 완결만 존재하지 않는다. 부정적인 완결도 있다.
4. 완결은 사라지지 않고 쌓인다.

완결의 4대 속성에 대해 좀 더 자세히 살펴보도록 하자.

1. 완결하려면 확실히 끝마쳐야 한다

완결은 하나의 일을 완전히 끝마친 상태다. 여러 일을 하든 하지 않든 시작한 일이 있다면 반드시 끝마쳐야 한다.

예를 들어보겠다. 두 개의 물잔에 물이 가득하다. 첫 번째 사람은 두 잔의 물을 모두 마셨다. 두 번째 사람은 한 잔의 물을 완전히 다 마시고 한 잔은 그대로 놔뒀다. 세 번째 사람은 두 잔의 물을 각각 반만 마셨다. 완결 측면으로 보면 첫 번째 사람은 모든 일을 완결했다. 두 번째 사람은 하나의 일을 완결했다. 그런데 세 번째 사람은 2가지 일을 시작했으나 끝내지 못했으므로 모두 미완결이다.

100권의 책을 읽기 시작했어도 마지막까지 읽은 책이 없다면 100권의 책 읽기 모두가 미완결이다. 한 권의 책을 읽었더라도 처음부터 끝까지 모두 읽었다면 완결이다. 하나의 완결, 100번의 미완결. 무엇이 더 가치 있을까?

진행 중인 일의 가짓수는 그리 중요하지 않다. 무엇보다 시작한 일은 반드시 끝을 봐야 한다. 미완결은 어떤 도움도 주지 않는 시간 낭비에 불과하다.

2. 완결은 오르막길 오르는 것이 아닌 암벽 등반이다

완결은 노력할 때 점차 다가오는 존재가 아니다. 사람들은 자신의 노력에 비례해서 결과가 나타나지 않을 때 지치거나 포기해버리기도 한다. 하지만 지속적으로 노력을 쏟아부어도 아무 변화가 없어 보이더라도 완결하고 나면 급격한 변화가 일어나기 마련이다. 물론 노력하는 만큼 바로 성과가 나타나지 않을 때도 있다. 장기적 관점의 일일수록 더 그렇다. 공부를 열심히 하는데도 성적이 오르지 않는다며 속상해하던 학창 시절의 경험은 누구나 있을 것이다. 사실 장기적으로 보면 성적이 오를 가능성이 크더라도, 단기적으로는 공부했다 해서 바로 성적이 오르지 않는 경우가 더 많다.

공부는 '자신이 아는 면적을 넓혀가는' 활동이다. 초중고 시절 배우는 특정 과목 지식의 범위가 유한하다고 가정할 때 공부는 아직 가보지 않은 미지의 지식 영역을 확장하는 행동으로 비유할 수 있다.

그런데 시험은 어떤가? 그 지식 영역 중 일부를 문제로 내는 형식이다. 다음에 제시된 그림을 보자. 어떤 과목에 대한 지식이 사각형이고, 그 안에 들어 있는 점은 시험에 출제되는 문제다. 그리고 원은 공부를 해서 알게 되는 지식의 범위다. 공부를 해서 지식 면적을 넓혀놓았다 하더라도 공부한 부분에서 시험 문제가 나오지 않는다면 성적은 올라갈 수 없다. 그러나 포기하지 않고 지속적으로 공부해서 점차 알고 있는 영역이 넓어졌다고 하자. 세 번째 그림처럼 지속적으로 지식의 영역을 넓혀 이제 대다수의 영역을 포괄할 수 있게 되었다면 어느 부분에서 시험 문제가 나오든 넓혀놓은 지식 영토에 포함될 가능성이 커진다.

바로 이 시점이다. 어느 순간 급격하게 성적이 오르는 순간은 이때다. 안타깝게도 대다수의 사람은 이 시점을 맞이하기 전에 "아, 나는 공부해도 안 돼"라는 말과 함께 포기해버린다. 미완결로 시험을 보게 되니, 성적이 맘에 드는 만큼 나올 리 없다.

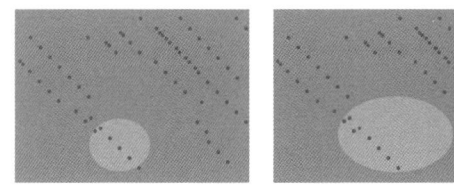 

조금 공부를 해서 아는 범위가 넓어진다고 해서 반드시 성적이 곧바로 오르지는 않는다. 하지만 이 단계를 넘어서면 성적은 폭발적으로 향상된다. 성적뿐만 아닌 모든 일이 마찬가지다.

완결은 노력하는 만큼 바로 다가오지 않는다. 완만한 오르막을 오르는 일이라기보다는 암벽 등반에 가깝다. 처음에는 눈앞에 끝없이 솟아 있는 돌만 보이지만, 그 변화 없는 상태를 지속적으로 이기고 올라갔을 때 비로소 탁 트인 하늘과 발아래의 드넓은 세상을 볼 수 있다. 바로 이때가 완결한 상태다.

3. 긍정적인 완결만 존재하지 않는다. 부정적인 완결도 있다

일의 완결이 언제나 긍정적이라고 할 수는 없다. 범죄 같은 나쁜 짓을 말하는 게 아니다. 당장의 유혹을 견디지 못해 하는 행위를 가리킨다. 지금 당장 배가 고파서 하게 되는 군것질, 지금 당장 참지 못하고 마시는 술, 지금 당장 하기 싫어서 피하는 공부나 업무 등, 그렇게 하면 만족감이 든다. 기분 전환을 위해 가끔은 필요할지라도, 그 빈도가 잦아질수록 부정적인 속성을 띤다. 이런 일은 부정적인 완결이다. 뒤에서 자세히 설명하겠지만 부정적 완결은 역(易)가치시간(RVAT: Reverse Value Added Time)이라고 한다. 부정적인 완결을 자주 할수록 목표를 달성하기 어려워진다.

4. 완결은 사라지지 않고 쌓인다

일을 완결하면 그 일은 사라져버린다고 생각하는 사람들이 있지만, 완결은 지속적으로 쌓인다. **일을 완결하면 무언가를 반드시 배울 수**

있다. 이것이 앞서 언급한 성취다. 자전거를 처음 혼자 힘으로 탈 수 있게 된 사람을 생각해보자. 이 사람은 다시 자전거를 탈 때, 지난번의 경험을 활용하여 타인의 도움 없이도, 또는 타인의 도움을 아주 잠깐만 받고도 혼자 자전거를 탈 수 있다.

완결은 한순간을 끝으로 사라지는 것이 아니라 지속적으로 내 안에 남아 있으며, 완결의 경험이 반복될수록 점차 쌓여간다. 시험을 보기 위해 익힌 지식은 시험이 끝났다고 사라지지 않으며, 일을 하기 위해 했던 다양한 시도는 성취로 남아 다음번 다른 일을 할 때도 활용된다. 이와 관련한 일화를 소개하겠다.

에밀 자토펙이라는 체코의 육상 선수가 있다. 별명이 인간 기관차인 그는 올림픽 육상 역사상 최초로 1952년 헬싱키 올림픽 육상 부문에서 3연패를 했다. 자토펙은 본디 신발 공장에서 일하는 평범한 직장인이었는데 19세부터 본격적으로 육상을 시작했다. 늦은 나이에 육상에 입문했으나 지독하고 끈기 있는 연습을 통해 그는 기량을 날로 향상시켰다. 그 결과 육상 입문 5년 만에 2천 미터, 3천 미터, 5천 미터 부문에서 체코 신기록을 경신했고, 그 이후 1만 미터를 주 종목으로 삼는 선수가 되었다.

자토펙이 헬싱키 올림픽에서 거둔 업적은 당시까지 올림픽 역사상 전부한 기록이었다. 그는 5천 미터와 1만 미터 그리고 마라톤에서 우승해 금메달을 목에 걸었다. 5천 미터와 1만 미터 금메달은 그가 5천 미터, 1만 미터 완주 경험이 있었고 이미 뛰어난 성과를 보여왔기에 아주 놀라운 일은 아닐지 모른다. 하지만 그가 세 번째 금메달을 획득한 마라톤은 이야기가 다르다. 자토펙이 올림픽 금메달을 목에 건 그 레이스가 자토펙의 첫 번째 마라톤 출전이었기 때문이다.

만일 자토펙이 제대로 된 육상 훈련을 거치지 않고 갑자기 마라톤을 뛰었다면 어땠을까? 금메달은커녕 완주조차 하기 어려웠을 것이다. 그는 5천 미터와 1만 미터를 완결하는 과정에서 더 긴 거리를 달릴 수 있는 지구력과 체력을 점차 갖추어나갔다. 3천 미터의 완결이 5천 미터를 도전할 수 있게 했고, 5천 미터와 1만 미터의 완결은 마라톤에 도전할 체력과 동시에 할 수 있다는 용기를 주었다.

자토펙은 헬싱키 올림픽에 참가하기 전에 마라톤을 완주해본 적은 없었지만 '할 수 있다'고 생각했다. 바로 마라톤을 제외한 종목 중에서 가장 거리가 긴 1만 미터 코스를 완주해봤기 때문이었다. 완결의 힘이다.

이번에는 직장 생활의 사례를 살펴보자. 회사에서는 직급이 올라갈수록 점차 다른 역할을 요구받는다. 그럴 때 어떻게 다른 역할을 해낼 수 있을까? 바로 직전 직급에서 완결한 경험이 도움을 준다. 승진자는 과거에 수행했던 일을 밑거름 삼아 새로운 역할을 수행하기 마련이다.

컨설팅사에 처음 입사하면 팀원으로 프로젝트에 투입된다. 각 팀원들은 하나의 모듈(Module, 업무의 소주제)을 맡아서 프로젝트를 진행한다. 팀원 생활을 거쳐 어느 정도 시간이 지나서 능력을 검증받으면 승진해서 팀장이 되는데, 팀장은 이미 팀원으로 일해본 경험이 있기에 팀장으로서의 역할을 제대로 할 수 있다. 팀원이었던 시절의 완결한 경험이 쌓여 팀장이라는 새로운 역할이 수행이 가능한 것이다. 팀원의 경험이 없이 갑자기 팀장이 되면 누구라도 그 역할을 온전히 수행하기 어렵다. 팀장은 승진하여 임원이 되는데, 임원이 되면 또 다른 역할을 부여받지만, 이 역시 팀원과 팀장을 경험했기에 수행할 수 있다.

하나의 완결이 또 다른 일의 도전을 돕고, 또 다른 일을 완결할 수 있게 한다. 세부적인 수준의 일을 이미 경험하고 완결한 경험이 쌓일 때, 상위 수준의 일을 할 수 있다. 직접 그 일을 하지 않았더라도 과거의 완결 경험을 기반으로 일이 어떻게 진행되는지 짐작할 수 있기 때문이다. 기초 공사를 하지 않고 고층 건물 꼭대기 층을 지을 수는 없지 않은가?

완결은 사라지지 않는다. 지속적으로 쌓인다. 뿐만 아니라 반복되는 완결 경험은 더 큰 목표에 도전할 수 있는 자신감과 용기를 준다.

이제 여러분은 완결이 가지고 있는 속성을 알게 되었다. 중요한 내용이므로 다시 한번 강조하고자 한다.

【완결의 4대 속성】

1. 완결하려면 확실히 끝마쳐야 한다.
2. 완결은 오르막 길이 아닌 암벽 등반이다.
3. 긍정적인 완결만 존재하지 않는다. 부정적인 완결도 있다.
4. 완결은 사라지지 않고 쌓인다.

목표란 무엇인가?

굳은 다짐에도 불구하고 일을 완결하지 못한 경험은 누구에게나 있다. 굳게 결심하는데도 왜 일은 미완결로 남아 있을까? 이를 이해하기 위해서는 목표의 정의를 명확하게 알아야 한다. 목표와 과업은 언뜻 생각하면 비슷한 개념 같지만 조금 더 자세히 살펴보면 차이가 있다. 목표와 과업의 관계, 그리고 과업의 속성을 알아보자.

목표는 미션이다

사람이라면 누구나 막연한 소망이 있다. 특히 '부자가 되고 싶다'

거나, '유명해지고 싶다' 등은 한번쯤 해봤을 법한 생각이다. 그런데 생각만으로는 무엇을 구체적으로 진행해야 할지 알 수 없다. 부자가 되고 싶다는 생각을 한 이후, 실제로 부자가 되기 위해 실천하는 방법은 사람마다 다르다. 열심히 저축을 하고 절약하는 사람, 사업을 크게 해서 돈을 벌겠다는 사람, 투자해서 돈을 벌겠다는 사람, 그리고 복권에 당첨되겠다는 사람 등등. 이렇듯 '부자가 되고 싶다'는 공통된 욕망을 가지고 있더라도 욕망에 다다르는 구체적인 방법은 모두 제각각이다. **목표는 욕망이 실행 가능한 수준으로 구체화된 상태**를 의미한다. 욕망을 비전(Vision)이라 하면, 목표는 미션(Mission)이다. 비전은 한 문장으로 지향점을 나타내지만, 미션은 그 비전을 달성하기 위해 해야 하는 일을 풀어 설명한다. 즉 **욕망이 구체적으로 변하면 목표가 된다.**

목표는 여러 과업의 조합이다

목표는 때로 과업(Task)과 일치하기도 하지만 대개 과업의 상위 개념이다. 목표를 이루기 위해 목표를 구성하는 여러 과업을 모두 완결해야 한다. 학생 때 국어, 영어, 수학, 사회, 과학 등 다양한 과목을 배우고 이 모든 과목에서 고른 성적을 받아야 좋은 성적이라는 목표를

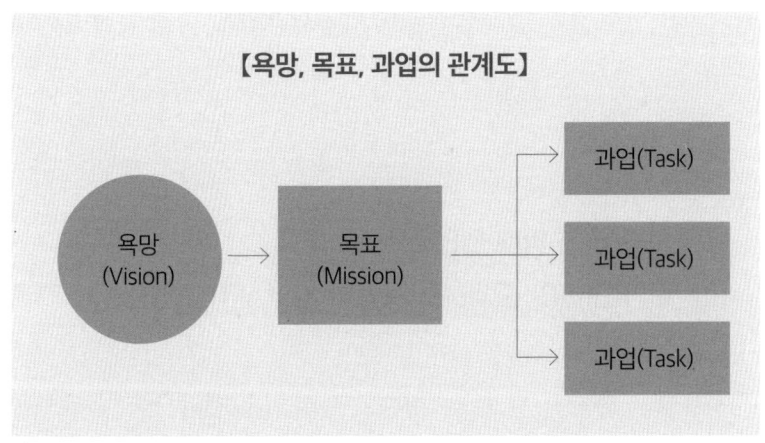

달성할 수 있는 것을 떠올려보면 이해가 쉬울 것이다.

회사에서 고과를 매길 때도 마찬가지다. 직원들은 다양한 영역에 대해 고른 평가를 받고 최종적인 고과 등급을 받는다. 고과를 구성하는 다양한 영역이 있고 그 영역은 다수의 과업이 모여 이루어진다. 즉 과업을 얼마나 많이 완결하고 성공했느냐에 따라 최종 고과 등급이 정해진다.

목표는 여러 과업의 조합이므로, '목표를 이루겠다'는 생각에서 멈추지 말고 얼마나 많은 과업을 완결해야 목표를 이룰 수 있는지 더 깊이 고민해보는 습관을 들일 필요가 있다. 목표를 이루기 위해 해야 하는 과업에 대한 깊은 고민 없이 쉽게 목표를 말한다면 실패하기 쉽다. 목표는 한 줄, 한 단어로 표현되어 언뜻 간단하고 단순해

보이지만 그 목표를 달성하기 위해 완결해야 하는 과업은 의외로 많고 복잡하다.

목표를 이루기 위해 해야 하는 과업 중 미완결한 과업이 존재하면 목표를 달성하기 어렵다

목표를 구성하는 과업 중, '실패한 과업'이 늘어날수록 목표에 다다르지 못할 확률이 올라간다. 예를 들어 국어, 수학, 사회, 과학, 영어 다섯 과목을 시험 보는 학생이 '평균 90점의 성적을 내겠다'는 목표를 세웠는데 국어에서 50점을 맞아버린다면 나머지 과목들이 모두 100점이 되어야 목표 달성이 가능해진다. 50점이라는 국어 점수 때문에 다른 과업의 난이도가 올라가는 것이다. 이처럼 일의 실패는 목표 달성에 좋지 않은 영향을 미치는데, 나아가 미완결은 실패보다 더 좋지 않은 영향을 미친다. 미완결한 일이 발생하면 나머지 일을 모두 성공한다 해도 결국 목표를 달성하는 일이 매우 어려워진다. 학생이 시험을 보는데 국어 시험지를 아예 제출하지 않았다면 어떨까? 나머지 과목을 모두 100점 맞아도 이 학생은 평균 80점밖에 받지 못한다. 한 과목의 미완결로 바라던 목표를 달성할 수 없게 된다.

목표 달성을 위해 목표를 구성하는 과업 모두를 성공시킬 필요는 없다. 그 여러 과업 중 일부에서 실패하더라도 목표를 이루는 일이 간혹 있지만, 미완결한 과업이 있다면 실패했을 때보다 목표를 이룰 가능성이 더 낮아진다는 사실을 깨달아야 한다. **실패할 수 있다. 그러나 반드시 완결해야 한다. 실패는 성공의 기준에 못 미칠 뿐이지만, 미완결은 말 그대로 0점이기 때문이다.**

일의 4단계와 성공적 완결

　　지금까지 완결이 갖는 의미와 중요성을 살펴보았다. 일의 진행 단계와 단계별 점검 사항을 알고 있다면 보다 쉽게 일을 완결할 수 있다.

　　일은 난이도나 완결하는 데 걸리는 시간과 상관 없이 동일한 과정을 거친다. 다만 작고 사소한 일을 할 때는 모든 과정이 별 어려움 없이 진행되므로 각 단계를 명확히 느끼지 못할 뿐이고, 크고 복잡한 일을 할 경우에는 난이도 때문에 각 단계가 더디게 진행되므로 그 수고가 피부로 와 닿을 뿐이다. 이렇듯 여러 종류의 일이 있으나, 어떤 일이든 완결하는 과정은 다음 4단계를 따른다.

【일의 4단계】

1. 생각과 결심 단계(Thinking and Decision Making)

    말 그대로 '어떠한 일을 해볼까?'라는 생각을 떠올리는 단계다. 하고 싶은, 해야 할 필요를 느끼는 일을 떠올린 이후 그 생각을 실제로 '실행 해야겠다'고 마음먹게 된다.

2. 정보 탐색 및 계획 단계(Searching and Planing)

    일을 실행하기 위해 필요한 정보를 탐색하는 단계다. 운동을 하겠다고 마음먹었다면 어떤 운동을 할지, 그 운동을 하기 위해 필요한 요소는 무엇인지 - 운동 시설은 어디에 위치해 있는지, 장비는 어떤 것이 필요한지, 비용은 얼마나 드는지 - 등을 찾아보게 된다. 이처럼 여러 요소를 비교한 뒤 계획을 세운다.

3. 행동 단계(Action)

    결정한 내용을 실제 행동으로 옮기는 단계다. 완결하려는 일이 어려울 수도 있고, 의지가 부족할 수도 있다. 예상하지 않았던 상황이 발생하거나 원하는 일을 완결하기 위해 추가적인 일을 해야 하는 경우도 생긴다. 이 모든 역경을 넘어서야 완결할 수 있다.

4. 완결 단계(Completion)

    초반 결심했던 일에 마침표를 찍는 단계다. 이 단계에서 일은 성공과 실패로 구분된다.

일을 진행할 때는 실패를 두려워하지 않되 미완결만은 하지 않겠다는 마음가짐으로 임해야 한다. 사람이기에 결심한 모든 일을 언제나 완결 지을 수는 없다. 다만 반복적으로 결심만 하고 일을 미완결 상태로 놔두는 버릇은 반드시 고쳐야 한다. 입으로는 '공부하겠다'고 얼마나 많이들 이야기하는가? '책 좀 읽어야겠다'라고 얼마나 다짐하곤 하는가? 야심 차게 구입했던 각종 운동 기구를 빨래건조대처럼 쓰게 되거나, 벼르고 별러 등록했던 헬스장을 며칠만 가지는 않았는가? 이 모든 예시는 실패가 아니라 미완결이고, 이런 미완결로부터는 배울 거리도, 얻을 거리도 없다. 따라서 유익하고 필요한 일을 선택하고, 선택한 일은 반드시 완결 지을 수 있도록 일의 4단계를 설계하고 행동해야 한다.

일의 4단계와 성공적 완결의 실제 사례를 살펴보자. 이 짧은 글에 일의 4단계가 모두 녹아 있다.

스페인의 후안 세바스티안 엘카노(Juan Sebastián Elcano)는 최초로 세계 일주를 성공한 사람이다. 그는 스페인 왕 카를로스 5세를 위해 마젤란이 이끌고 떠난 다섯 척의 탐험 선단 중 콘세페이온호의 선장이었다.

엘카노는 1519년 9월 20일 마젤란 함대의 원정에 참가하여 1522년

9월 6일까지 3년에 걸쳐 세계 일주를 했다. 수많은 위험과 난관을 이겨내고 엘카노는 빅토리아호를 타고 귀환함으로써 인류 최초의 세계 일주자라는 자랑스러운 칭호를 얻었다.

당시 세계 일주는 누구도 성공하지 못한 미지의 영역이었다. 이 일에 도전하기까지 엘카노는 고심을 거듭하여 항해를 결심했다. 그는 항해 출발 전 제노바은행에 배를 압류당한 상태였는데 당시 스페인 황제였던 카를로스 5세에게 사면을 요청했다. 카를로스 5세는 엘카노에게 마젤란 함대에 합류한다면 빚을 탕감해주겠다고 했고, 그는 이 조건을 수락함으로써 항해에 오르게 된다. 빚을 탕감받는 선택지를 고른 엘카노는 그렇게 세계 일주를 시작한다.

유럽 국가 입장에서 세계 일주를 한 줄로 요약하면 '서쪽 항로로 동방에 다다른 뒤 다시 서쪽 항로를 타고 돌아오는 일'이다. 실제 과정이 결코 쉬울 리 없다. 선원들을 위한 식량부터 유사시를 대비한 전투 장비까지 준비하는 등 세계 일주를 완결하기 위해 철저한 계획을 세워야 한다. 무계획으로 망망대해에 나갔다면 이들의 항해는 결코 성공할 수 없었을 것이다.

계획을 세운 후 선단은 항해에 올랐는데 그 과정은 역시 결코 순탄하지 않았다. 1521년 4월 27일, 선단을 총지휘하던 마젤란은 항해 도중 일어난 막탄전투에서 사망하고, 이후 엘카노가 선장의 지위를 물려받아 세계 일주를 완결한다. 그사이 수많은 사람이 전사 또는 병사하여 선원의 수는 265명에서 18명으로 줄어들고 말았다. 이 같은 사실로부터 행동 단계가 결코 수월하지 않았음을 알 수 있다.

결국 세계 일주를 완결한 엘카노는 무엇을 성취했는가?

'최초의 세계 일주자'라는 자랑스러운 칭호를 얻었지만, 이는 전체 업적에 비하면 작은 부분이다. 엘카노의 세계 일주 성공으로 서구의 우주철학 개념은 완전히 뒤바뀌었다. 무엇보다 지구가 둥글다는 사실과 아메리카 대륙이 인도의 일부가 아니라는 것, 그리고 지구의 대부분은 바다로 뒤덮여 있다는 것이 증명됐다. 세계 일주를 완결함으로써 엘카노는 지구가 하나의 세상이라는 사실을 입증한 것이다. 카를로스 5세는 이를 기념해 엘카노에게 가문(家紋)을 수여했다. 가문에는 지구본이 그려져 있고 다음과 같은 글씨가 새겨져 있었다.

"그대는 나를 위해 최초로 세계 일주를 한 사람이다."

우리가 하는 일이 인류 최초의 세계 일주만큼 큰일은 아닐지라도 일을 완결하기 위해 결심하고 실행할 때는 늘 역경이 따른다. 그리고 그 역경을 체계적인 계획과 대안 탐색, 행동으로 싸워 이겨낼 때 비로소 완결할 수 있다.

조금 더 여러분에게 와 닿을 예시도 소개한다.

"세상 모든 차가 맘에 들지 않아 내가 직접 만들었다."

포르쉐 창업자 페르디난드 포르쉐가 한 유명한 말이다. 오스트리아 출신의 그는 아우스트로-다임러사의 자동차 공학자였으나 자신이 원하는 차를 만들기 위해 1931년 포르쉐를 창업했다. 이후 1939년 포르쉐라는 이름의 차를 최초로 생산해낼 때까지의 과정을 보면 역시 일의 4단계가 모두 들어 있다. 그는 차를 만들겠다는 결심을 한 뒤, 디자인과 설계를 하고, 설계대로 생산할 수 있는 생산처를 찾은 끝에 가장 적합한 업체를 골라 마침내 차량을 생산해냈다. 당연한 이야기지만, 자동차라는 복잡한 기계 장치를 만들어내면서 치밀한 계획이 없었을 리 없다. 결심하고 탐색하고 계획을 세운 뒤 실행에 옮겨 완결하는 과정이 분명 있었다.

이처럼 비즈니스 환경에서도 일의 4단계는 그대로 적용된다. 회사가 신사업에 진출할 때도 신사업 진출을 결정하고, 다양한 대안과 후보군을 찾아보고, 신사업 진출을 위한 계획을 세워 이를 이행함으로써 마침내 완결이 이루어진다. 이처럼 위대한 일도, 우리 주변의 일도 똑같이 완결의 4단계를 거친다.

다음으로는 일의 단계별 상태를 분석하고, 완결에 이르기 위해 해야 할 일, 하지 말아야 할 일을 구체적인 방법과 함께 알아보자. 이를 하나하나 짚어가며 완결하고자 하는 일에 적용한다면 훨씬 성장한 자신을 발견할 수 있을 것이다. 성장이 반복되면, 세계 일주 수준의 위대한 일, 세계적인 명차를 만드는 수준 이상의 위대한 일을 해 낼 수 있을지도 모른다.

위대한 것을 이루려면
우리는 행동할 뿐 아니라 꿈도 꾸어야 하고,
계획할 뿐 아니라 믿기도 해야 한다.

- 아나톨 프랑스(프랑스 소설가, 1921년 노벨 문학상 수상자)

Chapter 2

생각과 결심을 덜어내라

완벽하다는 것은
무엇 하나 덧붙일 수 없는 상태가 아니라,
더 이상 뺄 것이 없을 때 이루어진다.
- 앙투안 드 생텍쥐페리(소설 『어린왕자』 저자)

일을 완결하기 위해 해야 할 일은,
기가 막힌 아이디어를 덧붙이는 행동이 아니다.
오히려 지금 떠오른 일 중
'진짜 중요한 일'을 고르고,
그 일에 집중하여 기필코 완결하는 것이다.

중요한 일에 보다 집중해서 반드시 완결하라

현대인은 바쁘다. 하나의 일에만 집중하고 있기 어렵다. 따라서 어떤 일이 더 중요한지를 정하는 과정이 필요하다. 우리가 하는 일은 모두 중요도가 다르므로 더 중요한 일과 덜 중요한 일로 나눌 수 있다.

"큰일을 먼저 하라. 작은 일은 저절로 처리될 것이다."

철강왕 데일 카네기의 말이다. 이처럼 중요한 일은 목표의 성패를 가르는 경우가 많으므로 반드시 완결해야 한다.

미국의 전설적인 투자가 워렌 버핏과 점심을 함께하기 위해 수백만 달러를 지불하고 식사를 한 사람이 있다. 그 일화를 소개하고자 한다.

버핏이 함께 식사를 하던 사람에게 말했다.

"당신이 가진 목표 25개를 적어보게. 그리고 그 목표 중 가장 중요하다고 생각하는 5개에 동그라미를 쳐보게."

버핏과 식사하던 사람이 목표 25개를 적은 후 5개에 동그라미를 그리자, 버핏이 다시 물었다.

"자, 이제 무엇을 해야 하는가?"

"5개의 목표를 이루는 가운데, 20개를 틈틈이 해나가는 것이죠."

그러자 버핏이 갑자기 소리를 높여 말한다.

"아니야! 그게 아니라고! 자네가 해야 할 것은 그 5개의 목표를 이루는 동안 나머지 20개를 틈틈이 하는 게 아니라네.

그 5개를 이룰 때까지 나머지 20개는 생각도 하지 않는 것일세!!!"

버핏은 가장 중요하게 여기는 5가지 일을 먼저 완결하라고 말하고 있다. '중요한 일을 완결하고 다른 일을 완결한다.' 이것은 원론적으로 새겨 들어야 할 말이다. 다만 현실에서는 이 원칙을 그대로 지키기 어려운 때가 많다. 하나의 일을 우직하게 해서 완결하고 다음 일로 넘어가고 싶지만 급한 요청, 예상하지 못한 문제 등으로 일은 계속 뒤섞인다. 이메일을 쓰는데 전화가 오고, 다른 일을 하는데 급하다며 빨리 대답을 해달라는 경우도 생긴다. 이러다 보면 업무를 완결하지 못하고, 다른 업무로 건너뛰며 일을 할 수밖에 없다.

이처럼 주변 상황이 도와주지 않기 때문에 **하고 있는 여러 일들 중 중요한 일이 무엇인지 자각하고 있어야 한다.** 우선순위를 정해두지 않고 주어지는 대로 일을 하면 중요한 일을 완결하지 못하는 결과로 이어진다. 그런데 중요한 일을 완결하지 않으면 앞으로 더 나갈 수 없다. 노력은 했는데 성과가 없는 상황, 바로 중요한 일을 완결하지 않은 상황이다.

과업의 중요도 선정 및 완결 방법

해야 하는 과업 모두가 비슷한 수준으로 중요한 경우도 간혹 있지만, 대부분은 그중 가장 중요한 과업이 존재하기 마련이다. 더 중요한 과업과 상대적으로 덜 중요한 과업을 구분하는 것을 중요도 선정 작업이라 한다. 중요도 선정은 가장 중요한 일을 잊지 않고 끝내 완결할 수 있게 해준다는 점에서 꼭 필요한 작업이다.

'이 일이 가장 중요하다'는 사실을 인지하고 있는 상황과 그렇지 않은 상황은 매우 다르다. 가장 중요한 과업을 머릿속에 인지하고 일을 하면 다양한 간섭이 들어오는 과정에서도 끝내 가장 중요한 과업을 완결할 가능성이 높아진다.

중요한 과업을 놓치지 않고 끝내 완결할 수 있도록 해주는 과업의 중요도 선정 방법을 알아보자. 우선 **중요한 과업은 시급성, 피해 정도, 이익 정도 등 세 요소에 따라 결정한다.**

【중요한 과업을 결정하는 요소】

시급성: 급히 처리해야 하는 정도
피해 정도: 처리되지 않았을 때 받을 피해(Damage)
이익 정도: 완결했을 때 얻게 될 이익

시급성이 높고, 잠재적 피해가 크며, 달성 시 이익이 많을수록 중요한 과업이다. 다음처럼 도식화하면 과업의 중요도를 보다 쉽게 판단할 수 있다.

【과업의 중요도 선정표】

	A	B	C	D	E		가중치		
							높음	중간	낮음
시급성	높음	중간	높음	낮음	낮음	시급성	3	2	1
피해 정도	낮음	중간	높음	중간	낮음	피해 정도	5	3	1
이익 정도	중간	높음	중간	중간	낮음	이익 정도	5	4	3
총점	8	9	12	8	5				

표를 보자. 각 과업의 시급성, 피해 정도 그리고 이익 정도가 기준이며 각 항목에 가중치를 부여하여 점수화했다. 이를 통해 일의 우선순위를 정하면 어떤 일을 먼저 완결해야 할지 알 수 있다.

표를 작성함으로써 얻는 이점들은 다음과 같다. 첫째, 가장 중요한 과업을 파악할 수 있다. 둘째, 쉬운 과업부터 처리하려는 관성을 막아준다. 표에서 과업 E는 급하지도 않고 피해 정도도 낮으며 이익 정도도 낮다.

다시 말하면 해도 그만, 안 해도 그만인 일인데 실제로는 E를 먼저 하는 사람들이 많다. 쉽기 때문이다. 피해 정도도 낮고 이익 정도도 낮은 일은 대부분 그 일의 난이도 역시 낮다. 따라서 중요도 선정 작업은 쉬운 과업을 먼저 하려는 관성을 막아준다.

항목별 가중치는 자유롭게 설정하면 된다. 일반적으로 3/2/1점 5/3/1점으로 설정하면 되고, 항목에 특수성이 있을 경우, 예를 들어 이 건을 처리하지 않으면 회사가 부도가 날 위험이 크게 올라가는 등의 심각한 과업이라면 가중치를 다른 항목보다 크게 높여서 10/5/0과 같이 표시할 수도 있다. 일상적인 과업이라면 5/3/1 정도로 구분해서 중요도를 선정하면 된다.

중요한 과업은 어떤 경우에도 반드시 완결해야 한다

짧은 시간을 투자해 완결할 수 있는 종류의 과업도 있다. 해야 하는 과업의 가짓수를 줄이는 측면에서 먼저 완결하는 방법도 좋다. 그러나 다른 여러 과업을 많이 처리하고 완결하기보다 **중요한 과업을 반드시 완결하는 것이 우선이라는 사실을 잊지 말아야 한다.** 중요한 과업을 가장 먼저 완결하고 나머지 과업을 처리할 수도 있고, 작은 과업을 먼지 완결한 다음 중요한 과업에 집중해서 완결할 수도 있다. 과정은 다를 수 있지만 결과는 같아야 한다. 이상적으로 모든 과업을 완결하는 것을 추구해야 하지만, 가장 중요한 과업은 어떤 경우에도 완결해야 한다.

체스나 장기에서 상대방의 모든 말을 잡을 필요는 없더라도 반드시 잡아야 하는 상대방의 말이 있다. 바로 상대방의 왕이다. 왕을 잡는 행동을 완결해야만 승리라는 목표를 달성할 수 있다. 왕을 제외한 상대방의 말을 모두 잡았더라도, 왕을 잡지 못하면 가장 중요한 일은 미완결로 남는다. 이래서는 목표를 달성할 수 없다. 중요한 과업을 완결하는 일은 중요도 낮은 과업 여러 개를 완결하는 일보다 더 큰 가치를 지닌다. 당장 내일 사장님 보고를 앞두고 있는 직원이 기한이 한참 남아 있는 다른 업무의 자료를 찾거나 세미나 준비를 하고 있으면 안 되는 이치와 같다.

일반적으로 중요한 과업은 덜 중요한 과업보다 완결하는 데 시간이 더 걸린다. 빠르게 처리해야 하는 중요도 낮은 과업을 처리하려 하기 전에 중요한 과업을 어디까지 진행했는지 표시해두자. '어떤 일을 하고 있었고 어디까지 했다'라는 아주 간단한 메모면 충분하다. 이를 통해 가볍고 쉽게 처리할 수 있는 과업 위주로 처리하다 정작 가장 중요한 과업을 미완결하는 상황을 막을 수 있다.

상황에 구애받지 말고 어떻게든 완결하라

중요한 일을 선정하는 과정은 기술적인 부분이다. 이번에는 상황에 구애받지 않고 어떻게든 완결하려는 마음가짐의 필요성을 이야기하겠다. 앞에서 언급했듯, 일을 완결하는 데는 기술과 능력도 필요하고 해낼 수 있다는 자신감과 반드시 해내겠다는 결연한 의지가 필요하다.

일할 때 주어지는 상황은 배가 항해할 때의 물살과 같다. 상황이 잘 풀리면 가는 방향과 같은 방향으로 물살이 흘러 항해하기 편하고 속도도 빠르지만, 상황이 잘 풀리지 않으면 가는 방향의 반대로 물살이 흐르는 상황과 같아서 노력하고 고생하는데도 일이 진척되지 않거나 간혹 후퇴하는 상황이 생긴다. 이 과정에서 스스로를 믿지 못하고, 지금껏 지나간 수많은 미완결의 순간을 떠올리며 '난 안 되나 봐'라고 말하며 포기하는 사람도 있다.

완결과 미완결은 관성이다. 완결하는 경험이 쌓인 사람은 새로운 일을 마주해도 완결할 수 있다고 믿고, 미완결이 쌓인 사람은 새로운 일을 접할 때 '할 수 있을까?' 하는 두려움에 먼저 휩싸인다. **'어떤 일이 있더라도 완결하겠다'는 마음가짐은 차차 쌓여 위대한 일을 이루는 주춧돌이 된다.** 다음 2가지 일화를 통해 완결의 중요성을 곱씹어보자.

영화감독 구로사와 아키라와 록밴드 퀸으로부터 배우는 완결의 중요성

"구로사와 아키라. 그는 나의 스승이었다."

이 말이 여러 사람의 입으로부터 나왔다면, 그것만으로도 구로사와 아키라 감독은 많은 사람에게 영향을 미쳤다고 짐작할 수 있을 것이다. 그런데 그 말을 한 사람들이 평범한 영화 팬이 아니라 **스티븐 스필버그, 마틴 스콜세지, 클린트 이스트우드** 그리고 스타워즈 시리즈를 만든 **조지 루카스**라면 어떨까?

구로사와 아키라는 아카데미와 베니스영화제에서 평생 공로상을 수상했으며, 또한 베니스, 칸, 아카데미, 베를린 영화제를 휩쓴 일본 최고의 영화감독이자 전 세계적으로 존경받는 예술가다.

영화계에 굵직한 업적을 남긴 그도 무명이던 시절이 있었다. 1910년생인 그는 27세인 1936년에 조감독으로 영화 인생을 시작한다. 밤샘 촬영을 하는 일은 예사일 정도로 일본 영화계는 업무 시간이 길고 업무 강도 또한 셌다. 그 와중에도 당시 그는 감독이 되고 싶다는 꿈을 늘 가슴속에 품고 살았다.

영화의 힘이 시나리오에서 나온다고 믿었던 그는 '어떤 일이 있어도 하루에 한 쪽씩 매일매일 시나리오를 쓰겠다'고 다짐했다. 아무리 힘들고 괴로워 쓰러져 자고 싶을 때도, 아이디어가 떠오르지 않아 그만두고 싶은 날에도 매일 시나리오 한 쪽씩 쓰는 일을 멈추지 않았다. 이 일은 7년 동안 반복되었다. 7년이 지난 후, 구로사와 아키라는 무려 2,500쪽이 넘는 시나리오를 쓴 사람이 되어 있었다. 그리고 마침내 1943년, 본인이 메가폰을 잡은 최초의 영화 「스가타 산시로」를 내놓는다. 이 영화는 구로사와 아키라의 데뷔작인 동시에, 대표작 중 하나이기도 하다. 구로사와 아키라의 영화는 공통적으로 시나리오가 매우 탄탄한데, 조감독 시절 어떤 상황에서도 반드시 시나리오 한 쪽씩을 완결한 경험이 쌓인 덕분이다. **한계에 가까운 상황에서도 이어나간 7년간의 완결 경험. 그것이 그를 세계인으로부터 추앙받는 감독으로 만들었다.**

그가 피곤하다고 그냥 잠들기를 7년간 반복했다면, 매일 시나리오 쓰는 일을 하지 않거나 도중에 포기했다면, 처음 몇 달만 결심을 실행으로 옮기다 나중에는 흐지부지했다면 구로사와 아키라는 영화계에 이름을 남기지 못했을 것이다. 구로사와 아키라의 작품「숨은 요새의 세 악인」및「7인의 사무라이」에서 모티프를 얻은 조지 루카스가 스타워즈 시리즈를 만들었다는 일화는 유명하다. 구로사와 아키라가 시나리오를 7년간 끈질기게 쓴 시간이 없었다면 다스베이더와 요다는 세상에 등장하지 못한 캐릭터였을지 모른다.

또 다른 일화를 소개한다. 전설의 밴드 퀸이 4집을 만들 당시,「보헤미안 랩소디(Bohemian Rhapsody)」를 작곡해 음반 제작사를 찾아갔을 때의 일이다.

"대체 어떤 인간이 6분짜리 노래를 들어? 이런 노랜 절대 안 돼! 3분으로 줄이든가, 타이틀 곡을 다른 노래로 해! 그렇지 않으면 음반을 낼 수 없어!"

음반 제작사는 6분짜리 곡은 절대 흥행할 수 없다며 앨범 제작을 거절했다. 그러자 퀸의 리드 싱어 프레디 머큐리는 이 곡을 직접 라디오 쇼에 들고 가 홍보했고 DJ였던 케니 에버렛은 이 곡을 열네 번이나 틀어주며 대중에게 각인시킨다. 퀸의 여러 명곡 중에서도 여전히「보헤미안 랩소디」는 최고로 꼽힌다. 지금의 퀸이 가진 명성을 만들어준 곡이라 해도 과언이 아니다.

그때 퀸이 음반 제작사의 말을 듣고, 곡 길이를 줄이거나 곡을 발표하지 않았거나, 다른 곡을 전면에 내세웠다면 우리는 퀸이라는 이름을 알지 못했을지도 모른다. 곡을 완성하는 일도 완결이지만, 그 글 대중 앞에 내놓는 일도 완결이다. 끝내 원하는 바를 밀어붙여 완결한 퀸은 완결의 결과로 전설의 밴드라는 명성을 얻을 수 있었다.

어려운 시기에 '힘을 내라'는 말은 무책임하게 들릴 수도 있다. 그래도 스스로 완결할 수 있다는 믿음을 갖고 반드시 해내겠다고 마음먹자. 일을 대할 때 '어떤 일이 있어도 완결하고야 말겠다'라는 결연한 태도는 '완결할 수 있을까?'라는 자신 없는 태도보다 훨씬 더 효과가 좋다. 단단한 의지와 할 수 있다는 마음가짐은 일을 완결하는 데 반드시 필요한 요소다.

그렇다고 대단히 큰일을 할 필요는 없다. 지금부터 매일 30분씩 책을 읽어보라. 평소 출근 시간보다 20분만 일찍 나와서 하루를 시작하라. 10분만 투자해서 매일 팔 벌려 뛰기를 하라. 하루에 10개씩만 영어 단어를 외워보라. 매일 5분이라도 자기계발을 위한 시간을 만들어라. 그 일이 지속적으로 쌓인다면, 그 일을 쌓은 분야에서 여러분은 또 다른 구로사와 아키라, 또 다른 퀸이 될 수 있을지 모른다.

어떻게든 완결하라. 여러분은 완결할 수 있는 힘을 이미 가지고 있다.

20년 후 여러분은
했던 일보다 하지 않았던 일로 인해 더 실망할 것이다.
그러므로 돛 줄을 던져라.
안전한 항구를 떠나 항해하라.
여러분의 돛에 무역풍을 가득 담아라.
탐험하라. 꿈꾸라. 발견하라.
- 마크 트웨인(미국 소설가, 사회비평가)

Chapter 3

정보의 탐색과 계획으로 판을 바꿔라

계획대로 승리한 전투는 없지만,
계획 없이 승리한 전투도 없다.

- 드와이드 아이젠하워

(미국 34대 대통령, 노르망디 상륙 작전을 지휘한 전쟁 영웅)

계획을 세우는 일은 수레의 네모난 바퀴를
동그랗게 깎아나가는 것과 같다.
무턱대고 일을 시작하기 앞서
계획을 잘 만든다면
일에 더욱 몰두할 수 있다.

정보 탐색 및 계획 단계
: 지킬 수 있게 만든 계획은 완결의 열쇠가 된다

'무언가를 하겠다'고 결심했으니 이제 원하는 일을 어떤 방식으로 할지 정보를 수집하고, 계획을 세울 차례다. 일을 완결하고 목표를 이루기 위해 제대로 된 정보를 탐색하고, 계획을 짜야 한다. 정보 탐색 단계에서 가장 중요한 일은 '정확한 정보'를 얻는 것이고, 계획에서 가장 중요한 일은 '지킬 수 있는 최고 수준의 계획'을 세운 다음 반드시 계획을 지키는 것이다. 이번 장에서는 제대로 된 정보를 찾고 이를 토대로 완결하는 계획 작성 방법을 알아보자.

정보 탐색 단계
: 정량적 정보와 정성적 정보의 탐색법은 다르다

일을 성공적으로 완결하기 위해 정보 탐색은 필수적이다. 여러분의 정보 탐색 기술을 더 정교하게 만들어줄 수 있는 팁을 소개하니 상황에 맞추어 활용해보자.

우리가 탐색하는 정보는 크게 둘로 나뉜다. 정량적 정보는 숫자로 표시할 수 있는 형태의 정보다. 가격, 중량, 크기 등이 정량적 정보에 속한다. 정성적 정보는 수치화할 수 없는 정보다. 향, 맛, 촉감 등은 정성적 정보에 속한다. 보통은 두 형태의 정보를 종합적으로 비교한 뒤 의사결정을 내리므로 둘 다 중요하다.

다음으로는 정량적 정보와 정성적 정보를 탐색하는 가장 효과적인 방법을 알아보자.

정량적 정보의 탐색

정량적 정보를 탐색할 때는 3가지에 유의해야 한다.

1. 홍보 문구에 속지 마라.

인터넷과 모바일이 널리 보급되어 있는 요즘, 정량적 정보 탐색은 그리 어렵지 않다. 정량적 정보는 가격이나 수치로 표시된다. 비교하고자 하는 제품이 공산품이라면 일은 더욱 쉽다. 다수의 정보가 수치로 표시되어 있으므로 각 수치별로 내가 더 중점을 두고 있는 사항을 비교하면 된다.

많은 사람들이 홍보 문구에 현혹되는 경향을 보인다. '시중가 대비 00퍼센트 저렴'이라는 문구를 그대로 믿고 구매해버리는 경향이 있는데, 이는 올바른 구매 습관이 아니다. 인터넷 사이트에 검색해보기만 해도 홍보 문구의 진실성을 판단할 수 있다.

2. 단위당 효용 가치를 따져라.

공산품의 경우, 가격의 차이가 가장 큰 요소이므로 검색을 통해 금방 결론 내릴 수 있다. 그러나 공산품이 아니면 제품 자체가 똑같지 않으므로 선택에 어려움을 겪을 수 있다. 이런 경우, 단위당 비용을 따지면 된다.

3. 개인 선호도를 반영하라.

앞선 예시는 가격에 주로 초점을 맞추었다. 그런데 가격이 가장 중요한 요소가 아닐 수 있다. 이럴 때 활용할 수 있는 방법이 있다. 개인 선호도를 반영하는 방법이다. 여러 선택지 중에서 자신이 가장 중요하게 생각하는 요소들을 반영한 뒤 결정하도록 하자. 고려할 요소는 다음의 3가지다.

【개인 선호도를 반영할 때 고려 요소】

1. 반드시 포함해야 하는 사항
2. 최소한으로 만족해야 하는 기준
3. 가산점을 줄 수 있는 사항

반드시 포함해야 하는 사항으로 후보군을 줄이고, 그런 다음 최소한의 기준에 미달하는 대상을 제거하고, 나머지 후보군 중에서 우선순위를 따지면 선택이 한결 쉬워진다.

우리가 경험하는 일들은 대다수 복잡한 정보가 얽혀 있고 대부분은 그중 하나를 선택해야 하는데, 이때 각 요건을 우선순위화 하고 비교 요소를 단순화하면 선택에서 실패할 확률이 줄어든다.

정성적 정보의 탐색

정량적 정보와 달리 정성적 정보는 숫자로 표현하기 어렵기 때문에 탐색 또한 보다 더 어렵다. 물론 이 경우도 방법은 있다.

1. 전문가에게 추천을 받아라.

본인의 전문성이 높지 않다면 전문가의 추천을 받고 나서 결정하면 좋다. 다만 주의할 점이 하나 있는데, 전문가의 조언과 전문가의 이익이 직접 연결되어 있지 않아야 한다는 것이다. 그래야 정확한 조언이 나올 수 있다. 예를 들어, XX전자에 다니는 사람에게 'TV는 어느 회사 제품이 좋아?'라고 묻는다면 팔이 안쪽으로 굽을 수밖에 없다.

전문가의 조언은 다음의 방식으로 활용할 수 있다. 첫째는 전문가의 이익과 직결되는 선택지는 배제한 뒤 나머지 중에서 고르는 방식이다. 둘째는 전문가의 이익과 직결된 제품을 선택지에 그대로 놔두되, 왜 그 선택지가 다른 선택지보다 더 좋은지 이유를 물어보고 스스로 판단하는 방식이다. 앞서 언급한 예시에 적용하면, XX전자 직원에게 TV에 대해 물어볼 때 **"XX전자 브랜드를 제외하고 다른 회사의 제품 중 가장 좋은 제품이 어떤 거야?"**라고 물어보거나, XX전자의 제품이 **왜 더 좋은지 물어보고 대답을 들은 뒤 판단**하면 좋다. 또한 전문가의 의견을 물어볼 때는 합당한 대가를 지불하자. 비용을 지불하더라도 시간을 아낄 수 있으니 오히려 이득이다. 비용이나 답례를 지불하는 행동은 동일 인물에게 또 다른 조언을 구할 필요가 생겼을 때 상대방으로 하여금 기꺼이 도울 마음이 들게 하는 촉매제가 된다.

2. 취향이 비슷한 사람의 추천을 받아라.

나와 성향이 비슷한 사람이 있다면 그 사람에게 조언을 구하는 것도 도움이 된다. 예를 들어 여행 성향이 맞는 사람에게 추천 여행지를 문의한다든가, 활동 성향이 비슷한 사람에게 운동을 추천받는다든가, 입맛이 비슷한 사람에게 음식을 물어보면 실패할 확률이 현저히 줄어든다.

실제 선택은 정량적 정보 탐색과 정성적 정보 탐색을 조합하여 내리게 된다. 정성적 정보 탐색은 보다 직관적이고 결정에 오랜 시간이 걸리지 않으니 정성적 선택을 통해 선택지를 줄여놓고, 정량적 정보 탐색을 통해 최종 결정을 하면 좋다.

마지막으로, 선택할 때 명심해야 할 사항이 있다. **선택 자체보다 자신이 한 선택을 완결하도록 최선의 노력을 다하는 일이 훨씬 중요하다.** 선택에 너무 많은 시간을 들이지 말고, 선택한 뒤 그 길을 우직하게 밀고 나가자. 선택은 물론 중요하다. 그보다 **더 중요한 일은 선택한 일을**

실행하고 완결하는 것이다. 보석 같은 선택도 행동하지 않으면 세공하지 않은 다이아몬드와 같다. 선택을 눈부신 완결로 바꾸어 빛나게 하는 유일한 방법은 행동이다.

계획 단계
: 네모난 바퀴를 동그랗게 깎아라

두 농부가 있다. 농부 A는 새벽같이 일어나 밭에 나가고, 하루 종일 밭을 손질한다. 풀을 뽑고 잡초를 베고, 거름을 준다. 농부 B는 A와 비교하면 밭에 있는 시간이 적다. A의 눈에 B는 나무 그늘에 누워서 농땡이나 부리는 듯 보인다.

"저렇게 일해서 제대로 추수나 할 수 있겠어? 나중에 저렇게 게으름 부린 대가를 분명 치르지. 쯧쯧."

봄과 여름이 지나고 어느덧 가을이 왔다. 넘실대는 황금 물결, 더 부지런히 일한 농부 A는 당연히 자신의 수확량이 훨씬 많을 거라고 생각했다. 그런데 이게 어찌 된 일일까? 막상 추수를 하고 보니 나무 그늘에 누워서 놀고 있던 농부 B가 더 많은 곡식을 수확한 것이 아닌가? 도저히 이 상황이 이해가 되지 않던 A는 B에게 따지듯이 물었다.

> A: 자네, 분명히 내가 열심히 일하고 있을 때에도 나무 그늘에 앉아 놀고 있었지 않나? 그런데 어떻게 자네가 나보다 더 많은 수확을 얻은 건가? 이해가 안 가네!
> B: 허허. 나는 그냥 나무 그늘에 앉아서 쉬고 있던 게 아니라고.
> A: 뭐가 아닌가? 내가 늘 뙤약볕에서 자네가 나무 그늘에 앉아서 노는 것을 직접 봤는데!
> B: 나는 나무 그늘에 앉아서 쉬고 있던 게 아니라, **낫을 날카롭게 갈고 있었네.**

이 이야기를 통해 막연한 근면이 늘 최선의 결과를 가져오지는 않는다는 교훈을 배울 수 있다. 농부 B의 '낫을 날카롭게 가는 행동'은 어떤 의미일까? 그렇다. 바로 '완결하는 계획을 세우는 일'이다.

계획은 왜 필요한가?

많은 사람들이 계획의 중요성을 간과한다. 계획 없이 일단 무턱

대고 실행하고 보는 게 더 좋다는 이야기를 하는 이들도 주변에 참 많다. 하지만 계획을 세우지 않고 어떠한 일을 진행한다면 생각보다 여러 문제가 발생한다. 계획 없이 일할 때, 하루에도 수차례 다음과 같은 말을 하게 된다.

"오늘은 뭐 해야 하지?"

이 말에는 2가지 문제점이 있다. 첫째, 무슨 일을 할지 생각하는 시간의 합이 계획을 세우느라 고민하는 시간보다 훨씬 더 길어진다는 점이다. 매일매일 '이제 뭐 해야 하지?'를 반복하는 시간들의 합은 여러분이 목표를 달성하기 위해, 일을 완결하기 위해 소요하는 시간 중 상당 부분을 차지하게 된다. 이를 경영학 용어로 '비가치적 시간(Non-Value Added Time: NVAT)'이라고 하는데, NVAT가 늘어나면 늘어날수록 일에 집중하는 시간은 줄어들고 미완결 상태가 되어 결국 목표 달성에 실패하게 된다.

둘째, 일을 완결하기 위해 투입해야 하는 노력의 적정량을 모르는 상태로 일을 진행하게 된다는 점이다. 요리로 비유해보겠다. 음식을 만들 때 재료마다 적정 비율이 존재한다. 예를 들어 음식에 소금을 넣는데, 그 양을 너무 적게 하면 음식이 싱겁고, 너무 많이 넣는다면 짜서 먹을 수 없다. 즉, 목표를 달성하기 위해 필요한 '성취량'이 과업별로 존재하고, 그 최소 성취량을 달성해야 과업을 완결할 수 있는데, 계획을 세우지 않고 일을 해나가다 보면 이 비율이 깨질 수밖에 없다. 소금을 아예 넣지 않는 요리를 만들거나, 요리에 소금을 들이 부어버린 결과가 나타날 가능성이 높다는 의미다.

공부를 할 때도 계획은 필수다. 사람마다 잘하는 과목이 있고 상대적으로 보강이 더 필요한 과목이 있다. 계획을 세우지 않으면 자신 있는 과목만 계속 더 공부하는 악순환이 일어난다. 잘하는 과목에는 적당히 시간을 쓰고 보강이 필요한 과목을 더 공부해야 하는데, 일단 손에 잡히고 쉬우니까 자신 있는 과목에만 손을 대기 쉽고, 결국 시간 배분에 실패하게 된다.

따라서 비가치 시간인 NVAT를 줄이기 위해, 그리고 목표를 성공하기 위해, 해야 하는 과업의 요소별 균형을 잡기 위해 치밀한 계획을 세워야 한다. 앞의 일화에 등장했던 낫을 갈고닦은 농부 역시, 전체 수확량 증가라는 목표 달성을 위해 밭에서 일하는 행동과 낫을 관리하는 행동을 적절히 조화시킨 덕분에 밭에서 계속 일만 했던 농부보다 더 좋은 결과를 얻을 수 있었다.

여러분의 계획은 일을 완결하는 계획인가?

잘 세워놓은 계획은 네모난 바퀴를 둥글게 깎아주어 훨씬 더 적은 노력으로도 업무 효율을 개선하는 방향을 제시해준다. 이는 제대로 된 계획을 세웠을 때 일을 완결할 수 있는 가능성이 훨씬 높아진다는 의미이기도 하다.

계획의 필요성에 이미 동감하고 있는 사람도 있을 것이다. 그래서 계획을 알차게 세우는 일을 꾸준히 실천 중인 이들도 많으리라 생각한다. 그런데 계획의 중요성을 알고 있다 해서 제대로 계획을 세우고 있다고는 할 수 없다. 이에 계획 수립을 점검할 수 있는 '완결하는 계획의 7가지 요건'을 수록했다. 자신의 계획이 요건들 중 몇 개나 충족하는지를 살펴보면서 읽어보자.

【완결하는 계획의 7가지 요건】

1. '지킬' 계획이어야 한다.
계획 자체의 문제라기보다 의지와 관련된 문제다. 기껏 계획을 세워놓고 지키지 않았다면, 이는 계획을 아예 세우지 않는 것만 못하다. 지키지도 않은 일을 계획하느라 시간을 보냈으니 일차적으로 시간을 낭비했고, 시간 낭비를 했는데 아무런 수확이 없으니 한 번 더 시간을 낭비한 셈이다.

2. 최선을 다해 지킬 수 있는 수준이어야 한다.
헬스장에 가면 사이클에 앉아 타는 둥 마는 둥 2~3시간을 흘려 보내는 사람들을 흔히 볼 수 있다. 이런 사람들은 나중에 꼭 이런 말을 덧붙인다. "운동을 매일 하는데도 살이 안 빠져." 계획은 할 것 다 해가면서 여유를 잔뜩 부려도 달성 가능한 수준으로 세우면 안 된다. 최선을 다했을 때 지킬 수 있을 수준으로 설정해야 한다.

3. 지속 가능해야 한다.
2번 항목과 반대되는 내용이다. 제대로 된 계획은 그 일을 완결할 때까지 지속할 수 있어야 한다. 100미터 달리기 선수라면 처음부터 전력을 다해 달려도 되지만, 마라톤 선수가 처음부터 100미터 선수가 질주하듯 달리면 결승점에 도달하기도 전에 지쳐서 포기하게 될 것이다. 초반에 의욕이 넘쳐 폭주하는 계획을 세우면 결국 지키지 못하는 계획이 되어 일이 미완결되는 결과가 나오기 마련이다. 즉, 최선을 다해야 지킬 수 있을 수준인 동시에 최선을 다하는 상태를 지속할 수 있는 수준으로 계획을 짜야 한다.

4. 상황에 따라 유연하게 대응해야 한다.
어떤 일도 시작하여 끝날 때까지 동일한 패턴으로 흘러가지 않는다. 따라서 각 단계에 따라 계획은 새로 작성되어야 한다. 주변 여건이 급격히 변화했다면, 계획을 새로 만들어야 한다. 계획 자체를 상황에 맞게 바꾸고 지키는 것과, 상황이 변했는데도 기존의 방법만을 고수하는 것은 다르다. 학기 중일 때와 방학 때 공부하는 계획이 달라야 하는 이치와 같다.

5. 자주 바뀌지 않아야 한다.
급격한 상황 변화가 없는 이상 계획은 변함 없이 일관되게 적용될 수 있는 성질을 갖추어야 한다. 계획을 세우는 이유 중 하나는 '그날그날 무엇을 해야 할지 고민하는 시간을 줄이기 위해'라는 사실을 잊어서는 안 된다. 따라서 그날그날 계획을 만드느라 너무 많은 시간을 할애하고 있다면 이는 일관성이 없는 계획이라는 반증이다.

6. '매일 해야 할 일'의 상위 개념이 계획이다.
제대로 계획을 세웠다면 그 일은 매일 해야 하는 일의 상위 개념이 되어야 옳다. 예를 들어, 매일 책을 30쪽씩 읽겠다는 계획을 세운 사람이 있다고 하자. 이 사람이 월요일에 한 일이 A라는 책을 1쪽부터 30쪽까지 읽은 것이라면, 다음 날은 31쪽부터 60쪽까지 읽는 활동이 할 일이다. 즉, 매일 해야 하는 일은 달라지지만, 계획 자체는 달라지지 않아야 한다.

7. 특정 시간 주기(Time Cycle)에 모든 주제를 포괄해야 한다.
계획은 한 사이클 동안, 목표와 연관되어 있는 모든 일에 관여한다. 간단히 설명해 여러분이 국어, 영어, 수학, 사회, 과학을 공부하는 계획을 구성한다고 한다면, 그 계획대로 한 사이클을 수행했을 때 국어, 영어, 수학, 사회, 과학을 최소 한 번씩은 모두 공부했어야 한다는 뜻이다. 앞서 언급했지만 이렇게 한 사이클을 돌면서 목표 달성을 위해 필요한 각 요소의 비중을 함께 고려해야 하는 것은 물론이다.
회사에서 현업과 TF(Task Force, 임시 프로젝트)를 담당하고 있다면, 현업과 TF 활동 모두에 골고루 시간을 배분해야 한다. 컨설팅사의 파트너(임원)는 다수의 프로젝트를 관리하는데, 이 경우에도 보통은 일주일 단위로 관리하

> 고 있는 모든 프로젝트를 점검하고 이상이 없는지 관리한다. 반드시 일주일이 정해진 주기는 아니다. 단, 특정 시간 주기를 정해놓고 그 주기 동안 모든 과업을 포괄할 수 있어야 완결하는 계획이다.

여러분의 계획은 7요소를 모두 갖추고 있는가? 만일 계획을 지금껏 제대로 세워본 적이 없는 사람이라면 이 7가지 요소를 반영하는 계획을 세우도록 노력해보자. 제대로 된 계획을 수립한다면, 그리고 그 계획을 충실하게 이행한다면 완결과 목표 달성은 생각보다 멀리 있지 않다.

스스로 계획을 세우는 것이 어렵다면 전문가의 도움을 받아라.

돈을 쓰기 아까워하다 더 귀중한 자원인 시간을 낭비하는 실수를 범하지 말라. 나이가 들고 자신의 가치가 올라갈수록 더 중요해지는 가치는 돈이 아닌 시간이다. 오죽하면 마이크로소프트 창업자 빌 게이츠가 지나가다 100만 달러 지폐를 발견한다면 그것을 줍기 위해 허리를 굽히기보다 그냥 그 길을 걸어갈 때 더 많은 돈을 버는 셈이라는 이야기가 있을까. 본인의 가치를 상승시키기 열망하는 사람이라면 가지고 있는 모든 자원 중 무엇이 가장 소중하고 한정된 가치인지를 알아야 한다. 단언컨대, 그것은 시간이다. 그 어떤 가치와도 비교할 수 없고 그 어떤 사람도 시간을 되돌릴 수 없지 않은가!

비용을 아끼기 위해 지나칠 정도로 엄청난 시간을 투자하는 사람들이 있다. 물론 그 사람의 경제적 여건을 고려할 때, 시간을 투자해 재화를 얻는 행동이 더 나은 선택일 수 있다. 안타깝게도 그 습관이 몸에 배어버린 사람들은 어느 정도 금전적 여유가 생기더라도 비슷한 습관을 반복한다. 돈을 쓸 여력이 있지만 크지 않은 비용을 아끼기 위해 시간을 과도하게 투입하는 습관, 혼자서 모든 일을 해결하려는 습관은 바꾸는 편이 낫다.

감당할 수 있는 범위 내에서 비용을 사용하여 전문가의 의견을 얻을 수 있다면, 이를 적극적으로 활용해야 한다. 전문가의 의견을 듣는 것이 좋은 이유는 다음과 같다.

【전문가 의견을 듣는 것이 좋은 이유】

1. 결과적으로 시간을 아껴준다.
전문가의 의견을 듣는 데는 비용이 든다. 그 비용을 통해 자신이 하는 일의 효율을 높여 시간을 아껴준다. 돈을 투자해서 시간을 사는 셈이다.

2. 보다 많은 지식으로 시행착오를 줄일 수 있다.
전문가가 전문가로 불리는 이유는 비(非)전문가보다 해당 분야에 더 많은 지식과 경험을 가지고 있어서다. 전문가는 적어도 비전문가보다 더 옳은 판단을 내릴 가능성이 높으며 비전문가의 잘못된 판단 및 습관을 교정해줄 가능성이 높다. 계획 단계부터 전문가의 도움을 받아 시행착오를 줄이면 일을 완결하는 데 큰 도움이 된다.

3. 놓치고 있는 점까지 짚어준다.
사람들은 스스로 생각하기에 빈틈 없이 계획을 짰다고 여기는 경우가 많다. 이때 정말 빈틈이 없는지를 검증할 수 있는 이가 바로 전문가다. 전문가는 보다 많은 관련 지식을 활용해 여러분의 계획을 점검하고 더 나은 계획이 되도록 해준다.

계획을 보다 완벽하게 만들고 싶다면 전문가의 도움을 받아보자. 누구든지 성취를 거듭해 지금보다 더 성장하고 높은 곳으로 올라가게 되면, '왜 여태껏 해왔던 일들을 더 효과적으로 해결해나가지 못했을까', '조금만 더 젊은 시기에 이 상태에 다다랐다면 어땠을까' 하는 생각을 하게 된다. 이럴 때 **세상 모든 자원 중 가장 아껴야 할 자원은 시간**이다.

전문가로부터 도움받는 것을 부끄럽게 생각하지 말자. 세계 최고의 선수도 늘 감독과 코치와 운동한다. 세계 최고의 연주자 앞에는 훌륭한 지휘자가 있다. CEO 혼자 성과를 내는 것이 아니다. COO(최고 운영 책임자), CFO(최고 재무 책임자), CMO(최고 마케팅 책임자) 등이 모여 CEO의 의사결정을 돕고 이로써 위대한 기업이 만들어지는 것이다. 전문가의 도움을 받는 일은 부끄럽거나 스스로가 모자라다 인정하는 것이 아니다. 오히려 현명한 계획을 짜는 올바른 과정이다.

스타벅스 설립자인 하워드 슐츠는 전 세계에 원두 커피를 대중화한 장본인이다. 그는 사업을 운영하면서 인스턴트커피 시장의 진출을 모색했다. 기존 인스턴트커피와는 다른, 원두커피와 맛 차이가 나지 않는 품질의 인스턴트커피를 개발하고자 했다. 원두커피에 누구보다 전문가인 슐츠는, 큰 줄기는 같으면서도 전혀 다른 업종에 진출하면서 전 세계에 숨어 있는 각 분야별 최고 전문가를 스스로 찾아다녔고 그들에게 도움과 자문을 구했다. 그중 그가 인스턴트커피를 만들기 위해 전문가에게 자문을 구한 일화를 소개하고자 한다.

어느 날, 스타벅스의 직원이 하워드 슐츠에게 커피를 건넸다. 커피 맛을 보고 새로 출시된 원두커피 제품이라고 생각한 슐츠는 놀라운 대답을 듣는다. 이 커피가 분말 인스턴트커피라는 대답을 들은 것이다. 원두커피의 맛을 누구보다 잘 알고 있었던 슐츠가 받은 충격은 대단했다. 슐츠는 즉각 그 분말 커피를 만든 장본인, 돈 발렌시아(Don Valencia)를 만나기 위해 비행기에 몸을 실었다. 하워드 슐츠가 직접 찾아간 돈 발렌시아는 세포 생물학자였다. 그는 세포의 속성을 훼손하지 않고 안전하게 냉동 건조하는 방법을 연구하여 의료 종사자들에게 서비스하는 이뮤노 컨셉트(Immuno Concepts)라는 회사의 대표이기도 했다. 세포를 훼손하지 않는 방법을 커피 원두에 적용시켜 원두커피와 비슷한 품질의 맛을 구현한 것이었다.

하워드 슐츠는 결국 그에게 협업을 제안한다. 발렌시아가 만든 방식을 활용하되, 이를 대량생산이 가능하도록 해야 했다. 이 프로젝트를 총괄하게 된 발렌시아는 대량생산 과정에서 해답을 찾지 못하자 우라노 우리 로빈슨(Urano Uri Robinson)이라는 제약 업계의 기술자를 추가로 영입하고 해나 수(Hannah Su)라는 제품 개발자와 협력하여 연구를 계속했다. 결국 스타벅스는 품질을 떨어뜨리지 않으면서 대량생산이 가능한 체계를 구축했다.

슐츠는 이 제품의 이름과 포장에도 심혈을 기울였다. 제품명을 정할 때는 다수의 카피라이터와 함께 회의를 거쳐 비아(VIA)라는 이름을 사용하기로 결정했고, 제품 디자인을 할 때는 스타벅스 내부의 제품 디자이너뿐만 아니라 외부 회사의 전문가 의견까지 구하는 일을 감행했다. 엄연히 조직 내 제품 디자이너가 존재함에도 외부 인력을 기용하는 일은 자칫 조직원의 사기를 떨어뜨릴 수 있었지만, 슐츠는 최고의 제품을 만들기 위해서 최선을 다했다. 결국 그는 극히 일부의 직원만 이 사실을 아는 상태에서 프로젝트를 진행하여 결국 완성품을 선보였다.

슐츠가 제품 개발 전 과정에서 전문가의 조언을 구하고 이를 적용시킨 인스턴트커피는 결과적으로 큰 성공을 거두었다. 스타벅스의 인스턴트커피는 블라인드 테스트에서 실제 원두 커피와 맛의 차이가 없다는 다수 언론의 호평을 받았으며, 현재는 스타벅스의 주요 매출원으로 자리잡았다.*

만약 하워드 슐츠가 자신이 지금껏 원두커피 시장에서 성공해왔다는 이유로 전문가의 의견을 듣지 않고 이 프로젝트를 진행했다면 어땠을까? 프로젝트가 성공하지 못했거나 성공했더라도 무수한 시행착오를 거치며 훨씬 더 긴 시간이 걸렸을 것이다. 전문가의 도움을 받는 것은 상당히 유용하다. 쓰는 비용보다 더 효과적인 결과를 얻을 수 있다. 무엇보다 시간을 아껴준다. 시간을 아껴준다는 사실만으로도 전문가의 조언을 들을 이유는 충분하다. 하워드 슐츠가 이 프로젝트를 진행하며 했던 말처럼.

"어떤 제품이든, 한 사람의 열정만으로는 성공적인 출시가 불가능합니다."

여러분의 일은 전문가의 도움을 받아 더욱 좋은 성과로, 그리고 완결로 되돌아온다. 혼자 했을 때보다 훨씬 더 짧은 시간 안에.

---

* 하워드 슐츠의 자서전 『온워드(Onward)』에서 일부 발췌.

계획이란 미래에 관한 현재의 결정이다.
- 피터 드러커(현대 경영학의 창시자)

Chapter 4

행동만이 힘이 있다

누구나 그럴싸한 계획은 가지고 있지.
나한테 그 주둥이를 얻어 터지기 전까지는 말이야.
- 마이크 타이슨(세계 헤비급 권투 챔피언)

'구슬이 서 말이어도 꿰어야 보배다'라는
속담에는 2가지 의미가 있다.
첫째, '행동'을 해야 구슬은 목걸이가 된다는 의미고,
둘째, '가치 있는' 행동을 해야
원하는 가치를 얻는다는 의미다.
일을 완결을 위해서 행동해야 한다.
그것도 가치 있도록.

행동 단계
: 습관과 환경을 바꿔라. 행동을 시작한 뒤 결코 멈추지 말라

 계획을 가지고 목표 앞에 섰으니 이미 절반은 끝낸 셈이다. 하지만 중간 지점에 도착한 것이 완결을 의미하지는 않는다. 행동 단계는 일을 완결하게 될지 미완결로 그칠지 가늠하는 핵심 열쇠가 된다. 지금부터는 일의 완결을 위해 하는 행동을 철저히 분석하고 파악한 뒤 실행해보자. 복잡하지도 어렵지도 않다. 우선 행동의 종류와 명심해야 할 사항을 알아보자.

행동의 4가지 종류
: VAT, NVAT, IVAT, RVAT

행동은 시간을 쓰는 방법에 따라 네 종류가 있다.

【행동의 4가지 종류】

1. VAT(Value Added Time, 가치 행동 시간)
   목표와 직접 연관된 일에 사용하는 시간.
2. NVAT(Non-Value Added Time, 비가치 행동 시간)
   목표와 전혀 연관이 없는 일에 사용하는 시간.
3. IVAT(Indirect Value Added Time, 간접 가치 행동 시간)

> 목표와 직접 연관되어 있지는 않지만 간접적으로 연관된 일에 사용하는 시간.
>
> 4. RVAT(Reverse Value Added Time, 역(易)가치 행동 시간)
> 목표 달성을 위한 일의 진척도를 후퇴시키는 시간.

　VAT와 NVAT는 경영 효율화와 관련한 개념 중 '운영 최적화'를 하기 위해 생산 현장에서 시간을 측정하고 업무를 개선하는 활동을 할 때 활용된다. 실제로 컨설팅 프로젝트 중 Lean Operation(운영 효율화)을 하기 위해 최초 진단 시 활용한다. 진단 과정에서 관습적으로 행해지는 NVAT를 발견하고 이를 개선하는 식으로 프로젝트가 진행된다. 예를 들어, 공사 현장에서 작업자가 업무 시간 동안 실제 일을 하는 시간은 VAT라고 정의하고, 업무 시간 동안 휴대전화로 게임을 한다거나 잡담을 하거나 담배를 피는 행동 그리고 실제 작업을 하는 일이 아닌 작업을 준비하는 시간은 NVAT로 정의한다. 작업 공구를 준비하는 시간 또한 NVAT로 정의한다.

　그런데 VAT와 NVAT만으로는 완결에 이르는 행동 시간의 측정이 완전하지 않다. 따라서 필자가 IVAT와 RVAT의 개념을 새로 만들어 추가했음을 알린다. 이 정의에 따르면 업무 시간 중 휴대전화로 게임을 하는 시간은 NVAT지만, 작업 공구를 준비하는 일은 IVAT로 정의할 수 있다.

그렇다면 네 종류의 시간을 어떻게 활용해야 할까?

VAT를 극대화하고, NVAT와 RVAT를 최대한 없애며, IVAT를 최대한 줄여야 한다.

이것이 이번 장에서 기억해야 할 가장 핵심적인 내용이다.

IVAT를 다스리는 자가 완결을 지배한다

계획 단계에서 설명했듯, NVAT와 RVAT는 일반적으로 줄일수록 좋다. 그런데 많은 이들이 IVAT는 간과하고 신경 쓰지 않는다.

하지만 어떤 창업자의 말에서처럼 VAT를 만들기 위해서는 반드시 IVAT가 필요하다.

"저는 어떤 서비스의 창업자예요. 처음 창업했을 때 정말 신났었던 기억이 납니다. 제품에 대한 온갖 아이디어들을 구상하느라 시간 가는 줄 몰랐죠. 하지만 나중에 깨달았어요. 회사란 제품 개발 50퍼센트와 그 외 수많은 잡무 50퍼센트를 통해 세워진다는 것을요. 은행계좌, 보험, 존재하는 줄도 몰랐던 각종 세금, 브라질 출신의 공동 창업자가 미국에서 일하는 데 필요한 샌프란시스코 시청지하에서의 서류 작성 등, 이렇듯 제품에 대한 멋진 아이디어와는 전혀 상관없는 잡무에 에너지를 투자해야 합니다. 저는 사람들이 창업에 뛰어들기 전에 이걸 기억했으면 해요. 회사를 세운다는 건, 단지 제품을 만드는 게 아니라는 사실 말입니다. 그 과정을 견뎌내는 사람이 결국 진정으로 새로운 무언가를 만드는 것입니다."

이것은 바로 전 세계에서 가장 파급력 있는 소셜 미디어 중 하나인 인스타그램 창업자 케빈 시스트롬(Kevin Systrom)의 발언이다. 원하는 일을 진행하기 위해 반드시 필요하지만, 일의 완결과는 직접 관련은 없는 일을 하는 시간이 IVAT다. 시스트롬은 이 비율을 50대 50이라고 개략적으로 이야기했으나 이는 행동 전략에 따라 얼마든 달라질 수 있다.

네 종류의 시간을 다스리는 자가 완결을 지배한다. 완결을 지배할 준비가 되었는가? 본격적인 행동에 앞서 점검할 요소 2가지를 전한다.

본격적 행동에 앞서 점검할 요소: 의지와 시간을 다스려라

행동할 때 최선을 다하면 대부분의 일을 언젠가는 완결할 수 있다. 다만, 관련 지식을 알고 있다면 더 빠른 완결이 가능해진다. 이번 장에서는 행동을 시작하기 전, 알고 있으면 도움이 되는 내용을 준비했다.

완결을 향한
의지를 점검하라

'의지가 괴물같이 센 사람' 하면 떠오르는 지인이 한두 명쯤 있을 것이다. 바쁜 회사생활을 하면서도 탄탄한 몸매를 유지하고 있다거나, 버거운 여러 일을 척척 완결하는 이들을 보면 '같은 사람인데 어떻게 저렇게 할 수 있나?'라는 생각이 든다. 그러나 의지가 강한 그들도 같은 사람일 뿐 더 특별한 존재는 아니다. 그들이 쓰는 몇 가지 방법을 안다면 누구나 의지가 강한 사람으로 탈바꿈할 수 있다.

의지가 강한 사람은 단순히 우직하게 밀고 나가는 사람이 아니라, 영리하게 의지를 컨트롤하는 사람이다. 이들의 10가지 특징을 알아보자.

【의지가 강한 사람의 10가지 특징】

1. 유혹이 될 만한 장소에 자신을 두지 않는다.

시작부터 모순적인 이야기일 테지만, 의지가 강하다고 평가받는 사람들은 의외로 자신의 의지력을 그다지 신뢰하지 않는다. 많은 사람들이 결심했던 사항을 미완결할 때마다 주로 '의지 문제'라고 이야기를 하는데, 의지가 강하다고 평가받는 이들은 대부분 그렇게 생각하지 않는다.

뛰어난 위치 선정. 이들이 의지가 강해 보이는 첫 번째 이유다.

제아무리 의지가 강한 사람이라도 지글지글 고깃집에 앉아서 과식하지 않는 일이 쉬울까? 의지가 강해 보이는 사람은 아예 고깃집에 가지 않는 선택을 한다. 유혹에 빠질 수 있는 장소에 발을 들이지 말자. 이 행동만으로도 대부분의 의지박약을 고칠 수 있다.

2. VAT를 만들어내는 장소까지 어떻게든 이동한다. IVAT를 일단 완수하고 본다.

이 부분은 어느 정도 의지가 필요하며, 첫 번째 특징과 관련 있다. 해야 하는 일을 완전히 즐기기 전까지는 일의 시작이 쉽지 않다. 따라서 일단 일을 할 자리로 이동해야 한다. 의지가 강한 사람은 이 행동을 잘한다.

즉, VAT(가치 행동 시간)를 만들 수 있는 조건을 충족하기 위해 먼저 해야 하는 IVAT(간접적 가치 행동 시간)를 포기하는 바람에 일을 완결 짓지 못하는 경우가 VAT를 창출하지 못해서 실패하는 경우보다 많다.

의지가 강한 사람들은 VAT를 만들기 위해 필요한 IVAT를 무조건 하고 본다. 너무 귀찮지만 비와 눈을 뚫고 운동하기 위해 헬스장까지 갔다. 이렇게까지 고생해서 갔는데 과연 헬스장에서 운동을 안 하게 될까 아니면 하게 될까? VAT를 하기 전 진행해야 하는 IVAT를 무조건 완수하라. 저절로 VAT가 시작된다.

3. 조급해하지 않는다.
의지가 없는 사람들은 일을 시작하면, 곧바로 성과가 나오기를 바란다. 그러나 사흘간 운동하고 근육이 턱턱 나오는 사람은 존재하지 않고, 투자한 주식이 한 달 만에 몇 배로 뛰어오르는 경우는 드물다. 입사해 처음으로 맡은 일이 대성공을 거두고 몇 달 만에 임원이나 최고 경영자 자리에 오르는 신입 사원은 없다. 완결하기 위해 지속적으로 노력을 할 때는 마치 평행선을 달리는 것 같겠지만 결국 계단을 오르듯이 어느 순간 성취와 완결은 눈 앞에 나타나게 된다.
단기간 큰 성과를 바라며 조급해하지 말자. 만약 잘되지 않는다면 기간을 느긋하게 늘려 진행해도 좋다. 주변에서 외치는 8주 완성, 100일 완성 등의 언어에 현혹되지 말자. 자신만의 리듬으로 일을 진행하면 된다.

4. 일에 수치로 의미를 부여한다.
포기가 빠른 사람들은 하는 일에 어떤 가치가 있는지 모르는 경우가 많다. '담배를 왜 끊는가?'라는 질문에 '건강을 위해서'라고 막연하게 대답하는 경우가 많다. 이렇게 대답한 사람들 대부분은 실제 담배를 끊는 행동이 건강에 어떤 도움이 되는지 명확히 알지 못한다. 일할 때는 의미를 부여해야 하고, 의미를 부여할 때는 구체적인 수치를 사용하면 좋다. 체중 변화, 체지방률 변화, 담배를 줄인 개비 수, 오늘 읽은 책의 쪽수 등, 여러분이 하는 일에서 의미를 부여하는 수치를 찾을 수 있다. 이 수치가 눈에 띄게 변화하는 과정을 보면 더 큰 의지도 생겨난다.

5. 완전히 지칠 때까지 스스로를 몰아붙이지 않는다.

초반에 너무 무리한 나머지 지쳐서 중도에 포기하고 마는 사람들이 있다. 결과는 당연히 미완결이다. 초반에 얼마나 빨리 질주하느냐에 주목하지 말자. 처음 얼마나 빠른 속도로 달렸는지 아무도 기억해주지 않는다. 일을 완결해야 한다는 사실이 더 중요하다. 일을 완결하는 과정은 100미터 달리기보다는 마라톤에 가깝다. 마라톤 경기에서 초반에 선두에 서는 사람이 우승하는 경우가 흔하지 않듯, 자신에게 주어진 시간과 체력, 여러 여건을 고려하며 일을 진행해야 한다. 도저히 불가능한데도 일주일간 매일 운동을 하러 헬스클럽에 가겠다고 정해두면 하루만 빠져도 급격히 무너지기 쉽다. 차라리 '주 3회 운동을 하겠어'라고 목표를 설정하는 편이 낫다.

달성 가능한 목표를 세우자. 불가능한 목표를 야심 차게 세우고 달성하지 못하는 편보다는, 달성 가능한 목표를 우직하게 밀어붙이는 편이 훨씬 좋다.

6. 적절한 보상을 준다.

새로운 일에 도전하고 꾸준히 노력하여 완결하는 일은 결코 쉽지 않다. 따라서 열심히 노력한 이후 가끔은 보상이 필요하다. 10시간 공부한 뒤 1시간 게임하기, 일주일간 열심히 식이요법과 운동을 병행한 뒤 한 끼 맛있는 음식을 마음껏 먹기, 성공적으로 회사 일을 마무리 지은 후 평소 자신이 가지고 싶었던 물건 구입하기 등의 보상이 필요하다. 보상은 의지를 더욱 단단하게 만들어준다.

7. 여러 일을 기웃거리지 않는다. 한 번에 하나의 일만 한다.
모든 일은 중간에 그만두면 미완결이다. 의지가 강한 사람들은 일의 중요도 및 긴급한 정도를 파악하고 순서를 세워 일을 처리한다. 목표한 일을 순서대로 처리해서 완결하는 일의 개수가 늘어나면, 의지가 강한 사람으로 평가받기 마련이다.

8. 다양한 시나리오를 준비해 상황에 따라 시나리오를 적용한다.
삶은 예상하는 대로만 흘러가지 않는다. 때로는 새벽까지 야근을 할 때도 있고, 갑자기 의도하지 않은 저녁 술자리가 생길 수도 있다. 생각하지 못했던 큰 지출이 발생하기도 한다. 따라서 일상을 세 종류의 시나리오로 나누어 하려던 일의 양을 조절하면 완결에 보다 쉽게 가까워진다. 예를 들면 이렇다. 천편일률적으로 매일 2시간 운동을 한다고 정하지 말고, 평일 1시간, 주말 2시간으로 정해보자. 회식이 있거나 야근이 12시까지 이어지면 그날은 운동을 쉰다. 여러 가지 상황에 대비해 다양한 시나리오가 필요하다.

9. 일을 할 때, '미리 적립한다' 생각하고 진행한다.
어떤 사람이 '일주일에 운동을 3회 하겠다'라고 다짐했다고 가정해보자. 이

다짐을 행동으로 옮기는 과정에서 월요일과 화요일에 운동을 건너뛰었을 때 보통은 '아직 5일이나 남았으니 괜찮아'라고 생각하기 쉽다. 그러다 예상하지 못한 일이 생겨 일주일에 3회 이상 운동하겠다는 목표를 채우지 못하면 목표를 미완결하게 된다. 이런 일이 반복되면 결국 목표를 포기하기에 이른다.

목표를 수치화하고 그 숫자를 채워가는 목표라면 **최대한 앞 단계에 미리 숫자를 채워두자.** 완결이 한결 수월해지는 경험을 하게 될 것이다. 별일 아니라고 계속 미루다 잔뜩 밀린 일기를 울먹이며 써본 어린 시절의 경험을 성인이 되어서도 반복하지 말자. 할 수 있다면 미리 하자. 불어난 적금처럼 일을 완결하는 데 도움이 된다.

10. 달성하지 못했다고 망연자실하지 말고 다시 시작한다.
일을 완결하는 데 있어 꾸준함은 꼭 필요한 요소다. 단 한 번 목표한 바를 이루지 못했다고 모든 것을 내팽개쳐버려서는 안 된다. 누구나 실수할 수 있다. 멈췄섰다고 해서 지금껏 해온 일이 모두 사라지지 않는다. 그냥 '그럴 수도 있지'라고 생각하고 처음 마음먹은 대로 다시 하다 보면 끝내 일을 완결할 수 있다.

이제 '의지박약'이라는 단어를 삶에서 지워보면 어떨까? 나태함과 게으름은 달콤하다. 달콤함은 쌓일수록 목표와 멀어진다. 자기 자신에 맞는 목표를 설정하고 우직하게 밀어붙이자. 시간이 지나 주변 사람들로부터 이런 말을 듣게 되리라 확신한다.

'너는 의지가 정말 대단하구나.'

정교한 행동을 위한 시간 관리 5원칙

계획을 수립하는 과정에서, **계획은 최선을 다해 지킬 수 있는 수준으로 작성해야 한다.** 짧은 시간 동안에 일을 완결하면 보다 많은 일을 할 수 있고, 한정된 시간 내에 많은 일을 할 수 있으면 그만큼 일의 밀도를 높일 수 있다. 일의 밀도가 높아지면 완결을 넘어 성공에 다가갈 수 있다. 이를 위해 행동 단계에서 시간을 효과적으로 관리해야 한다. 정교한 행동을 위한 시간 관리 5원칙을 알아보자.

> **【정교한 행동을 위한 시간 관리 5원칙】**
>
> 1. 절대 시간을 더 투자하라.
> 2. 초반에 집중하여 실력을 향상시킨 뒤, 장기적으로 그 감각을 유지하라.
> 3. 자동으로 돌아가는 일을 만들어라.
> 4. 멀티태스킹은 없다. 한 번에 하나의 일만 처리하라.
> 5. 동시에 할 수 있는 일은 동시에 하라.

1. 절대 시간을 더 투자하라

일을 할 때 효율만을 따지는 경우를 종종 볼 수 있다. 하지만 일을 완결하고 목표를 이루고 싶다면 '절대 시간(Absolute Time)'을 많이 써야 한다.

"그는 미국 역사상 가장 재능 있고 성공한 음악가였다."

「뉴욕타임스」가 레너드 번스타인의 부고 소식을 전하며 그를 평한 말이다. 20세기 후반 클래식 음악계를 이끈 거장. 25세의 젊은 나이에 뉴욕 필하모닉 오케스트라의 지휘봉을 잡고, 뉴욕 필의 황금시대를 이끈 사람. 이토록 대단한 천재성을 지녔던 그가 남긴 유명한 말이 있다.

"하루를 연습하지 않으면 내가 알고, 이틀을 연습하지 않으면 아내가 알고, 사흘을 연습하지 않으면 청중이 안다."

천재적인 재능을 가진 사람조차 연습의 중요성을 강조한다. 재능은 시간 투자를 통해 능력으로 바뀐다. 설령 평범한 사람이라도 절대 시간을 꾸준히 투자하면 지금 목표 수준보다 높은 단계에 이르게 된다. 만일 원하는 수준까지 이르지 못했다면 두 경우 중 하나다. 목표 수준이 너무 높거나, 절대 시간을 제대로 투자하지 않았거나. 그러니 시간을 더 투자하라. 일의 완결에는 시간 투자가 반드시 필요하다.

2. 초반에 집중하여 실력을 향상시킨 뒤, 장기적으로 그 감각을 유지하라

영어 공부에 10년을 넘게 투자했어도 제대로 말하지 못하는 사람들이 왜 많을까? 학습의 집중도에 따라 배우는 양이 달라지기 때문이다. 아주 작게 구멍이 뚫린 독이 있다고 해보자. 이 독에 낙숫물이 계속 떨어진다 해서 그 독을 가득 채울 수 있을까? 쉽지 않은 일이다. 그러나 이 독에 소방 호스로 물을 채우면 어찌 될까? 소방 호스에서 물이 더 이상 나오지 않을 때까지 이 독은 물이 가득 찬 상태를 유지할 것이다.

  일을 하는 초반에는 그 일에 집중적으로 시간 투자를 해야 한다. 절대 시간의 투자를 줄여도 될 때는 일을 시작한 초기가 아니라 어느 수준 이상 경지에 이르렀다 판단되는 시점이다. 즉, 완결을 한 이후에 노력의 양을 줄여야 한다. 완결 전에 노력의 양을 줄이면 그동안의 노력도 허사로 돌아갈 가능성이 높아진다.

  운전이나 자전거 타는 법은 일단 배우면 평생 잊히지 않지만, 한참 동안 운전을 쉬거나 자전거를 타지 않으면 감이 떨어진다. 목표로 정한 수준이 높을수록 지속적인 반복은 중요하다. 운동선수들이 매일 연습을 반복하는 이유도 여기에 있다. 따라서 어느 정도 경지에 오른 다음에는 일하는 감을 유지하는 수준으로 반복하자.

3. 자동으로 돌아가는 일을 만들어라

  일은 본인이 계속적으로 관여해야 하는 경우가 있고, 일단 시작하면 자동으로 진행되는 경우도 있다. 간단한 예시로, 잠들기 전에 휴대전화를 충전기에 연결하기만 해도 시간이 절약된다. 외출해야 하는데 휴대전화가 충전되어 있지 않아 밖으로 나서질 못하는 곤란한 상황을 사전에 막을 수 있다.

이처럼 자신이 움직이지 않아도 자동으로 주변에 돌아가는 일을 만드는 습관은 시간 효율성 측면에서 큰 가치가 있다. 회사에서 일할 때에도 마찬가지다. 퇴근 전 시차가 있는 외국에 이메일을 보내놓고 퇴근하면, 다음 날 아침에 출근하자마자 답장을 바로 확인할 수 있을 확률이 크다. 이 역시 지역별 시차를 활용해 자동으로 돌아가는 일을 만들어둔 셈이다.

4. 멀티태스킹은 없다. 한 번에 하나의 일만 처리하라

멀티태스킹을 잘하는 사람이 유능하다고 인정받는 시대다. 그러나 컴퓨터조차도 진정한 의미의 멀티태스킹을 하고 있지 않다는 사실을 아는가? 컴퓨터의 머리 역할을 하는 CPU(Central Processing Unit, 중앙처리장치)는 재빠르게 여러 태스크(Task)를 지속적으로 돌아가며 관리한다. 동시에 하지 않고 한 번에 하나씩 하는데 그 간극이 너무 짧기에 사람은 알아채지 못할 뿐이다.

마찬가지다. 한 번에 하나의 일을 목표치까지 올려놓고 다음 일을 해야 효율이 올라간다. 하지만 일을 하나만 우직하게 하고 싶어도 도중에 다른 일이 생겨나 어려움을 겪는다면 이럴 때는 시간을 정하고 일하는 방식을 활용해보자. '50분 일하고 10분 쉬겠다.' 이 간단한 원칙이 일의 효율을 높인다. 사람을 만날 때는 상대에만 집중하고, 놀 때는 놀이에만 집중하고, 일할 때는 일에만 집중해보자. 같은 시간을 투자해도 더 깊게 몰입하여 행동하는 자신을 발견할 수 있다.

5. 동시에 할 수 있는 일은 동시에 하라

4원칙과 모순된다고 생각할 수도 있다. 그러나 그렇지 않다. 동시에 해도 지장받지 않는 일이 존재한다. 대뇌를 쓰는 일과 쓰지 않는 일로 구분하여 생각하면 편하고, 그렇지 않을 경우 좌뇌를 사용하는 일과 우뇌를 사용하는 일로 또 나누어보자.

막연히 지겹게 여겨지는 일이 있다면 그 일은 대뇌의 활용이 거의 없다고 생각해도 좋다. 그러면 여기에 대뇌를 함께 사용할 수 있는 일을 섞어보자. 음악 들으며 러닝머신에서 뛰는 게 가능하듯, 음악 대신 영어 듣기를 하며 러닝머신에서 뛰는 것 또한 가능하다. 다른 일에 전혀 영향을 주지 않는다면 여러 일을 동시에 해도 무방하다. 신체를 쓰는 일과 대뇌를 쓰는 일로 구분되므로 시간을 더 밀도 있게 사용할 수 있다.

행동 시간 설계
: NVAT, RVAT, IVAT, VAT별 행동 극대화 전략

앞부분을 읽으며 어떠한 마음가짐으로 행동해야 하는지, 그리고 어떻게 시간을 효과적으로 사용할 수 있는지 알게 되었을 것이다. 이제는 시간 유형별 활용법을 알아보자.

어떤 사람이 헬스장에 가서 운동하는 상황을 묘사해보겠다. 이 사람의 각 행동이 행동 시간의 4가지 유형 중 어디에 속하는지 생각하며 읽어보자.

① A는 헬스장에 가겠다고 마음먹는다. 그러나 마음을 먹고 상당히 오랜 시간 빈둥거린다.

② 정신을 차리고 일어나 운동복으로 갈아입는다. 이때도 빈둥대

며 천천히 옷을 갈아입는다.

③ 마침내 헬스장에 가기 위해 집을 나선다. 헬스장에 도착해 실내 운동화로 신발을 갈아 신고 사이클에 오른다. 좋아하는 연예인이 TV에 나온다. 아무 일도 안 하는 편보다는 낫겠다 싶어서 느릿느릿 사이클을 타면서 그 프로그램을 끝까지 본다.

④ 유산소를 하고 나니 벌써 2시간이 지났다. 딱히 땀이 많이 안 나는 걸 보니, 땀이 잘 나는 체질은 아닌가 보다. 이제 하기 싫은 웨이트를 해야 한다. 기구 앞으로 가서 한 세트를 마친다. 친구에게 메시지가 와 있다. 답장은 해야겠지?

⑤ 답장을 하고 한 세트를 마친다. 오늘따라 시사가 궁금하다. 뉴스를 검색해서 기사를 읽는다. 또다시 한 세트를 한다. 분명 나는 3세트만 했는데 시간은 30분 넘게 훌쩍 흘러가 있다. 헬스장에서 너무 오래 시간을 쓴 것 같다. 운동을 하긴 했는데 뭔가 대단한 효과가 있는지는 모르겠다. 그래도 안 하는 것보다는 낫겠지.

⑥ 샤워를 마치고 옷을 갈아입고 나와 시계를 보았는데 헬스장에 온 지 3시간이나 지났다. 일부러 유명인들이 이용하는 헬스장을 이용하다 보니 집까지 가는 데만 50분이 걸린다. 그래도 운동을 제대로 한 것 같아 뿌듯하다. 운동도 했겠다, 시원하게 맥주나 한잔 마셔볼까? 친구에게 연락해야겠다.

이 시나리오를 보는 내내 무슨 생각이 들었는가? 공감이 되었는가? 반성이 되었는가? 아니면 눈살이 찌푸려졌는가? 생각해보면 일을 완결하는 사람과 그렇지 못한 사람의 차이가 이 안에 다 들어 있다고 해도 과언이 아니다.

이 시나리오에서 가상의 인물 A가 사용한 시간은 NVAT, RVAT, IVAT 그리고 VAT 중 어떤 유형에 속하는지 생각해보자. (하나의 시나리오에 여러 종류의 시간이 섞여 있을 수도 있다.)

생각해보았는가? A의 시나리오에 대한 설명은 다음과 같다.

① NVAT: 헬스장에 가겠다고 마음을 먹었으나, 빈둥대며 실제 행동으로 옮기지 않는다. 일을 하기로 마음먹었다면 최대한 빨리 행동으로 옮겨야 한다. 따라서 ①은 NVAT다.

② NVAT, IVAT: 운동복으로 갈아입는 과정은 운동을 하기 위해 필요하므로 IVAT다. 그런데 A는 빈둥대며 천천히 옷을 갈아입는다. 이 시간은 NVAT다. 이를 통해 IVAT 중 NVAT가 포함될 수 있음을 알 수 있다.

③ VAT, NVAT: 사이클을 타는 동작은 직접 운동을 하는 동작이므로 VAT다. 다만, VAT가 밀도 있게 이루어지지 않았음을 짐작할 수 있다. 최선을 다하지 않는 VAT에는 NVAT가 포함된다.

④ VAT, NVAT(IVAT): 웨이트 트레이닝을 하는 행동 시간은 VAT

다. 그러나 친구에게 메시지가 와서 답장하는 시간은 IVAT 또는 NVAT다. 사실 근육 운동을 한 뒤 아주 잠깐의 휴식은 필요한데, 이는 너무 무리하지 않기 위해서일 뿐이다. 그러나 직접 운동하는 시간은 아니므로 IVAT다. 그런데 시나리오 맥락상, A가 최소한의 시간 동안 휴식을 한 뒤에 바로 두 번째 세트로 돌입했을 가능성은 매우 낮다. 따라서 IVAT에 NVAT가 섞여 있다.

⑤ VAT, NVAT: 운동을 하는 시간은 VAT지만, 뉴스를 검색해서 오랜 시간 읽었다면 이는 NVAT다. IVAT라고 하기에는 기사 읽는 시간이 너무 길다. 근력 운동을 3세트만 했는데도 30분이나 흘러 있다는 사실이 그 점을 증명한다.

⑥ IVAT, RVAT: ⑥에는 IVAT가 존재한다. 이 IVAT는 분명 줄일 수 있다. 동네의 헬스장을 다녔다면 왕복 이동 시간을 단축시킬 수 있었기 때문이다. IVAT가 길어지면 길어질수록 VAT를 시작하는 데 저항이 커진다. 또한 맥주를 마시기로 해서 친구와 약속을 잡는 행동은 RVAT의 전형이다. 지금껏 운동한 효과를 없던 일로 만드는 안 좋은 결과를 가져온다. 평생 친구와 맥주 한 잔조차 하지 말고 삭막한 기계처럼 살아가라는 이야기가 아니다. 지금까지 A의 행동을 보면 평소에도 RVAT가 곳곳에 숨어 있으리라 짐작할 수 있다. A가 '이번 여름까지 운동해서 근사

한 몸매를 가질 거야'라는 목표를 세우고 있다면 과연 달성할 수 있을까? 그럴 수 있을 거라고 생각하는 사람은 아마도 없을 것이다.

단적인 사례를 다루었지만 이를 통해 시간의 유형별 속성을 파악할 수 있었을 것이다. 특히 시간 설계를 잘하는 사람이 목표를 이루고 일을 완결한다는 사실을 잘 알아두자.

이제는 구체적으로 VAT의 절대량과 밀도를 극대화할 수 있는 방법을 알아보자.

VAT의 절대량과 밀도를 극대화하는 방법

RVAT: 없앤다, 계획한다, 대체재를 찾는다

행동의 완결을 위해 가장 좋지 않은 시간 유형은 RVAT다. 레이싱 경기로 비교한다면 VAT는 가속, IVAT는 기어를 바꾸는 시간, NVAT는 감속, RVAT는 후진이다. RVAT가 늘어날수록 가려는 길과 반대로 가는 꼴이라 일을 완결하기가 훨씬 어려워진다.

몸에 좋은 약은 쓰고, 나쁜 음식은 달다는 말처럼 대부분의 RVAT는 강한 유혹이다. 시원한 맥주 한잔, 달콤한 디저트, 맛있는 음식은 식이 조절을 하는 사람에게 모두 RVAT인데 이 같은 사실을 알더라도 유혹을 떨치기가 어렵다. 무조건 참는다고 될 일이 아닌 RVAT를 다음 3가지 방법을 적절히 사용하며 제어하고 관리해보자.

【RVAT의 제어 및 관리 방법】

1. RVAT 자체를 없앤다.

일을 완결할 때까지 RVAT를 아예 허용하지 않는 방법으로 완결까지 걸리는 시간이 길지 않을 때 주로 사용한다. 보통 일주일 이내 일을 완결해야 할 경우에 이 방법을 권한다. 단시간 안에 완결해야 하는 일에 RVAT가 끼어들면 그 일을 완결할 가능성과 목표를 달성할 가능성 모두 낮아지기 때문이다.

2. RVAT를 의도적으로 설정하고, 그 이상의 RVAT를 허용하지 않는다.

장기적인 일을 진행할 때 적절한 방법이다. 의도적으로 RVAT를 설정해두고 설정한 만큼만 RVAT를 허용한다. RVAT의 허용은 단기적으로 하던 일을 후퇴시키는 결과를 낳지만 장기적인 일을 진행할 때는 오히려 효과적인 전략이 된다. 지나치게 자신을 제어하다가 방전(Burn Out)되는 상황을 막아주어서다. 일의 성향에 따라 다르지만, RVAT는 일주일 1회 정도로 설정하면 적당하다. 일을 진행하며 인내력과 자제력이 점차 커지면 RVAT의 빈도를 줄여 더 빠르게 일을 완결할 수 있다.

3. RVAT 중에서 타격이 상대적으로 덜한 대체재를 찾는다.

유혹은 늘 등장하며 떨쳐내기가 어렵다. 도저히 참을 수 없다면 일을 덜 방

> 해하는 요소를 찾아보자. 금연을 결심했다면 니코틴 패치를 붙이는 방법이
> 있다. 아예 담배를 피우지 않는 일보다는 몸에 해롭지만, 완전히 끊었다가
> 오래 버티지 못하고 무너지는 것보다는 낫다. 이처럼 상대적으로 타격이 덜
> 한 방법을 택한 뒤 점차 적응하는 방식을 통해 RVAT를 점차 줄일 수 있다.

지금까지 RVAT를 관리하는 방법을 알아보았다. 앞서 언급한 3가지 방법을 '지키는' 것이 가장 중요하다. 가끔은 RVAT를 염두에 두지 않았으나 예상치 못한 유혹에 빠질 수도 있고, 계획했던 RVAT 이상의 RVAT가 생길 수도 있다. 그런 상황에서 '모든 것을 망쳤으니 포기할래'가 결론이 되어서는 안 된다. 예상 밖의 RVAT를 이유로 목표한 바를 접고 일을 미완결하는 사람들이 많다. 하지만 다시 마음을 다잡으면 된다. 중도에 포기해서 미완결하지 말고, 조금 느릴지라도 완결해야 한다. **완결은 언제나 미완결보다 훨씬 더 가치 있다.**

NVAT: 계획을 수정한다. 또는 IVAT만 남기고 나머지 NVAT를 제거한다

NVAT를 줄이라는 말은 쉬는 시간을 모두 없애고 나를 한계까지

몰아붙이라는 말이 아니다. 휴식을 취할 때는 마음껏 휴식을 취해야 한다. 나태함과 휴식은 다르다. NVAT를 없애라는 말은 일하고 있을 당시에 필요 없는 시간을 줄이라는 뜻임을 명확하게 밝힌다.

RVAT와 NVAT 중 어떠한 유형이 더 나쁘냐고 묻고 싶다. 아마도 대부분이 '당연히 RVAT가 더 나쁜 것이다'라고 생각하리라 본다. 하지만 예상 외로 정답은, '**특성을 보면 RVAT, 빈도를 보면 NVAT**'다.

이해가 잘 가지 않을 수 있다. RVAT는 일을 거꾸로 돌리는 시간이라고 설명했기 때문이다. 그런데 생각해보자. 일을 진행할 때 목표로 세운 일을 역행하는 경우가 많을까, 아니면 말 그대로 허송세월하는 경우가 많을까? 시간의 총합을 생각하면 NVAT야말로 일을 완결에 이르지 못하게 하는 주범임을 알 수 있다.

RVAT가 참다참다 단번에 무너져서 저지르는 일이라면 NVAT는 더 편안하고자 하는 인간의 본성 탓에 수시로 일어난다. 수업 시간에 공부에 집중하지 않고 자꾸만 딴짓하는 행동, 시험 기간에 공부하지 않고 평소에 하지 않던 방 청소나 다른 일을 하며 시간을 보내는 행동, 업무로 메일을 보내려고 하다가 습관적으로 인터넷을 검색하고 무의미하게 뉴스를 보는 행동. 이런 행동들은 완결하고자 하는 일을 후퇴시키지는 않는다. 다만 일의 추진력을 떨어뜨리고 일의 진행을 더디게 만든다. 자동차가 달리다 브레이크를 밟는 행동과 같은 것이 바로 일에서의 NVAT다.

따라서 NVAT는 할 수 있는 만큼 제거해야 한다. RVAT와 달리 NVAT는 타격이 덜한 NVAT로 대체할 수 없다. 공부를 하다 게임 생각이 떠올라서 게임하는 행동을 방 청소로 대체해보았자 마찬가지다. 게임도, 방 청소도 완결과 관련 없는 행동일 뿐 종류만 다른 NVAT이기 때문이다.

스스로 세운 계획을 지키지 못해서 자꾸 진도가 밀리는가? 그것은 지키기 어려운 수준으로 계획을 짰다는 의미다. 현재의 계획을 조금은 느슨하게 조정할 필요가 있다. 계획한 휴식은 NVAT가 아닌 반면, 계획한 VAT 중 NVAT가 자꾸 발생한다면 이는 문제가 있다. 계획하지 않은 휴식은 모두 NVAT다. 일이 자꾸 밀리면 일을 완결할 수 없다는 불안감이 엄습하고, 사기가 떨어지기 마련이다.

달성 가능한 수준으로 계획을 조정한 뒤에는 NVAT를 철저히 제거하도록 하자. NVAT와 IVAT가 섞인 경우라면, 자신의 행동에서 IVAT와 NVAT가 어느 정도인지 자문자답을 해보자. 이 행동만으로도 줄여야 하는 NVAT가 무엇인지를 알 수 있다. 감이 잘 오지 않는다면 전문가의 조언을 통해 적절한 수준의 IVAT가 어느 정도인지 물어보고 줄여야 하는 NVAT를 계산하는 방법도 좋다.

완결로 가는 지름길을 걷기 위해서는 모든 상황에서 NVAT를 줄여야 한다.

IVAT: 선택과 계획 단계에서 스마트하게 줄인다

IVAT는 VAT 진행을 위해 꼭 필요한 시간이다. 자동차 레이스 전 엔진을 예열하는 시간인 셈이다. 그러나 오랜 시간 예열만 하면 공회전이 되듯, IVAT 역시 VAT를 창출하기 위해 필수적인 시간이지만, 이 시간이 길어지면 VAT에 이르지 못하고 일을 미완결할 가능성도 높아진다. 따라서 IVAT는 일의 완결을 위해 최소화할 수 있는 만큼 줄여야 한다.

물론 IVAT는 의지로 어느 정도 단축할 수 있다. 하지만 NVAT와 RVAT는 노력과 의지로 줄여야 하는 데 비해, IVAT는 의지로 줄이는 방식보다 선택과 계획 단계에서 단축하는 것이 더 효과적이다. IVAT를 줄일 수 있는 방법을 소개하겠다.

【IVAT를 줄이는 방법】

• 위임

해야 하는 일을 타인에게 부탁할 수 있을뿐더러 그 일의 완성도가 본인이 직접 하는 수준과 비슷하다면 위임으로 IVAT를 획기적으로 줄일 수 있다. 앞에서 언급했던 인스타그램 창업자 케빈 시스드롬의 이야기를 다시 떠올려보자. 창업 초기에는 비용이 부담되어 각종 서류 및 세무 신고 등을 창업자가 직접 담당했다. 그런데 이런 일을 전문으로 처리하는 사람들이 있다. 케빈 시스트롬은 창업 단계에서 다른 일에 써야 하는 시간이 50퍼센트라고 했다. 과연 그가 지금도 각종 서류 준비와 세무 신고를 직접 처리하느라 50퍼센트의 시간을 소모할까? 이미 회사 내외부의 전문 인력에게 일정 대가를 지불하고 일을 맡겼을 것이다.

이처럼 위임은 권한과 비용이 허락하는 한 IVAT를 줄여줄 수 있는 획기적 수단이다. 비용 지불 여력이 된다면 일을 위임하라. 위임을 통해 아낀 시간을 VAT에 투자할 수 있다.

• **수단의 교체**

연필을 써서 공부하고 있는 사람이 있다고 가정하자. 연필심이 부러지거나 연필심이 다 닳았을 때, 연필을 교체하거나 연필을 깎는 시간은 IVAT다. 그런데 만약 필기구가 연필이 아니라 샤프 펜슬이나 볼펜이라면? 연필을 썼기 때문에 발생한 IVAT를 크게 줄일 수 있다. 이처럼 수단의 교체를 통해 IVAT를 줄일 수 있다. 지금 무의식적으로 답습하고 있는 행동을 개선할 수 없는지 고민해보자.

VAT: 밀도를 높인다

'일을 완결했다'는 말은 완결할 만큼 VAT가 모이고 쌓였다는 의미다. VAT 자체의 길이도 중요하게 여기는 동시에 보다 나은 성과를 위해 VAT의 밀도를 높이도록 노력해야 한다. 그렇다면 VAT의 밀도는 어떻게 높일 수 있을까? 그 방법을 소개한다.

> **【VAT의 밀도를 높이는 방법】**
>
> 1. VAT 속에 숨어 있는 IVAT와 NVAT를 최소화한다.
> 실제로 사람들은 일을 하는 중에도 의미 없는 일을 하는 경우가 상당히 많다. IVAT와 NVAT가 섞여 있다면 이는 VAT의 밀도를 낮추게 되므로 경계해야 한다. 습관적으로 휴대전화를 보는 동작처럼 계획된 일이 아닌데 습관적으로 하는 일은 VAT를 좀먹는다. VAT 사이에 NVAT와 IVAT가 자주 끼어들면 VAT의 길이는 늘어나지만 효율은 떨어진다.
> 자신의 집중력이 감당할 수 있는 시간을 테스트한 뒤 그동안만큼은 정말 다른 일을 전혀 하지 말고 집중해보자. 지금 전화가 울린다면? 하던 일을 마친 뒤 조금 이따가 걸면 된다. 메시지와 메일을 받았다면? 지금 하는 일을 끝낸 뒤에 답장해도 된다. VAT의 밀도를 높이는 데 초점을 맞추어야 일을 완결할 수 있다.

2. VAT 중 동시에 진행할 수 있는 일을 진행한다.

VAT에 전혀 지장을 주지 않으면서 또 다른 가치를 창출할 수 있는 VAT를 동시에 진행해보자. 신체 활동을 하고 있으면서 두뇌 활동을 하는 일이 겹쳤을 때, 두 활동은 동시 진행이 가능하다.

3. VAT가 아닌 시간을 VAT로 만든다.

이는 바로 앞의 항목과 비슷한 맥락으로 이해할 수 있는데, 일상적으로 쉬는 시간을 VAT로 만들 수 있다. TV를 보면서 가벼운 운동을 함께하거나 운전하면서 도움이 될 만한 정보를 라디오로 듣는 행동, 출퇴근 이동 시간에 공부를 하거나 책을 읽는 행동은 NVAT나 IVAT를 효과적으로 VAT로 변환하는 방법이다.

4. 가능한 경우 위임을 실시한다.

만약 VAT 중 그 일을 후배 사원이나 다른 전담 팀 혹은 해당 분야 전문가에게 위임할 수 있다면 그렇게 하기를 권한다. 고부가가치의 일에 집중하는 동안 나머지를 위임한 다른 사람들이 처리할 때 VAT 밀도는 훨씬 높아진다. 어떤 컨설팅 회사에서는 컨설턴트가 손으로 종이에 그린 자료를 파워포인트 슬라이드로 바꿔주는 전담팀이 존재한다. 물론 슬라이드를 컨설턴트가 직접 프로그램으로 작성할 수도 있다. 하지만 컨설턴트는 문제 해결을 위한 고민에만 집중하고, 슬라이드를 잘 만드는 일은 더 전문성이 있는 전담팀에게 맡기는 것이다. 슬라이드를 만드는 시간도 분명 VAT에 속한다. 하지만 이 일을 더 전문성 있는 집단에 맡기는 순간, 컨설턴트는 비즈니스에서 일어나는 문제 해결에 시간을 더 투자할 수 있다. VAT 밀도를 높이는 좋은 방법이다.

5. VAT 밀도를 극대화할 수 있는 시간대를 찾는다.
사람마다 최상으로 집중할 수 있는 시간대는 각기 다르다. 모두 모여서 하는 회사 일이야 어쩔 수 없지만, 자신이 가장 집중할 수 있는 시간대를 찾아서 쓸 때 VAT의 밀도를 높일 수 있다. 수면 패턴에 따라 새벽 일찍 일어나 고요한 상태에서 집중이 잘되는 사람이 있고, 자정이 가까운 시간이 되어야 비로소 제대로 집중력이 발휘되는 사람이 있다. 본인이 어떤 유형인지 파악하라. 그런 다음 그 시간대를 최대한 활용해라.
팁 하나를 추가하자면, 집중력이 극대화되는 시간대에 버겁거나 어려운 일에 도전해보자. 일이 눈부시게 진척되는 경험을 할 수 있다.

6. 숙련도를 향상시킨다.
음악에 전문 지식이 없는 상태에서 작곡을 한다면 어떨까? 시간을 알차게 쓰며 배우고 연습했다 하더라도 곡 하나를 만드는 데 시간이 굉장히 오래 걸릴 수밖에 없다. 만약 한 곡을 완성한 뒤 두 번째 곡을 쓴다면 어떨까? 아마 첫 곡을 만드는 데 걸렸던 시간보다 시간이 더 적게 소요될 가능성이 높다. 실제로 작곡가들은 악상이 떠오른 지 30분도 걸리지 않아 곡을 뚝딱 만들었다는 에피소드를 종종 이야기하는데, 이는 그들이 일을 완결하기 위해 필요한 기술을 이미 익혀놓았고, 그 숙련도를 향상 시켜두었기 때문에 가능한 결과다.

'저 사람은 어떻게 하루 동안 저 많은 일을 할까?' 하는 궁금증을 자아내는 사람들 대부분이 공통된 특징을 보인다. **그들은 정말 중요한 일에만 집중하고 나머지를 위임한다.** 그리고 자신이 하는 일에 **굉장히 숙련되어 다른 사람이 같은 일을 할 때에 비해 시간이 훨씬 덜 걸린다.** 효과적인 위임과 고도의 숙련도가 결합하면 밀도 있는 VAT의 완성에 이른다. 회사의 사장은 모든 일을 직접 하지 않는다. 단, 회사에서 일어나는 최상위 수준의 일은 모두 알고 있어야 한다. 그 최상위 수준의 일을 관장하는 사람들은 각 임원들이고, 임원들은 자신의 그룹, 본부, 팀에서 실무를 담당하는 사람들의 결과물을 알고 있어야 한다. 즉, 사장은 임원들에게, 임원은 자신의 팀에게 업무를 위임하고 있는 구조다. 아무리 능력이 뛰어난 사람도 정해진 시간이 존재하는 이상 모든 일을 전부 할 수 없다. 더 중요한 일을 하려면 위임은 필수적이다.

VAT의 밀도를 높이고 싶은가? 그렇다면 효과적인 위임을 실시하는 동시에 하는 일에 정통할 만큼 숙련도를 향상시키자. 밀도가 높아진 VAT는 완결로 향하는 열쇠다.

지금껏 4개 유형의 시간별 특징과 활용 방법을 이야기했다. 자세히 풀어 설명했지만 사실 단 한 문장만 기억하면 된다.

'VAT를 극대화하고, NVAT와 RVAT를 최대한 없애며, IVAT를 최대한 줄인다.'

행동의 속성
: 정체는 정체가 아니라 도태다

용수철이나 고무 밴드를 잡아당기면 길게 늘어났다가도 손을 놓으면 다시 원상태로 돌아오곤 한다. 이 현상은 탄성 계수 때문에 일어난다. 용수철이나 고무 밴드가 감당할 수 없는 수준의 힘이 가해지면 용수철은 늘어난 뒤 다시 줄어들지 않고, 고무 밴드는 끊어져 버리고 만다. 그런데 용수철이나 고무 밴드의 탄성 계수를 넘어서는 힘이 가해져서다. 본연의 속성을 파괴할 만큼 힘이 외부에서 가해졌을 때 용수철과 고무 밴드는 더 이상 원상태로 되돌아가지 않는다.

일도 마찬가지다. 어느 정도 진행하고 멈추거나 천천히 진행하면서 **완결하지 않으면 그 일은 마치 경사에 올려놓은 공처럼 올라가다 제자리로 돌아오는 일이 반복된다.** 그러나 다시 제자리로 돌아갈 수 없을 만큼 한계를 돌파하면, 즉 **일을 완결하면 그 일은 다시 원래 상태로 되돌아가지 않는다**. 관성을 뛰어넘는 노력을 쏟아부었기에 그렇다.

이처럼 일을 하는 행동은 가만히 머물러 있는 평지에서 걸어가는 동작이 아니라 컨베이어 벨트 위에서 역주행하고 있는 동작임을 명심해야 한다. 아무 일도 하지 않는 상태로 머물러 있으면 실제로는 앞으로 나아가지 않는 게 아니라 오히려 퇴보하게 된다. 설령 앞으로 나아가고 있더라도 컨베이어 벨트의 속도보다 느리게 걷고 있다면 앞으로 나가는 것이 아니라 제자리에 머물러 있거나 뒤로 조금씩 밀려나는 셈이다. 비유지만, 컨베이어 벨트의 속도는 **세상의 흐름, 지식의 발전 속도, 유행의 빠르기**다. 그렇게 여러분이 아무 일도 하지 않고 가만히 있어도 시간의 흐름 속에 RVAT는 계속 숨어 있다. 그렇기 때문에 정체는 퇴보에 가깝다.

누구도 시대에 뒤처진 사람, 퇴보하는 사람이 되길 바라지 않는다. 어떻게 해야 할까? 간단하면서도 강력한 팁이 있다. 밀도 낮은 VAT를 지속적으로 유지하지 말고 **밀도 높은 VAT로 일을 빠르게 완결해 버리면 된다**.

일을 진행하고 있을 때 일이 퇴보하는 속도인 RVAT는 일을 진행하는 동안 급격하게 달라지지 않는다. 영어 단어를 외울 때 외운 단어를 잊어버리는 속도가 갑자기 빨라지지는 않으며, 운동을 쉬는 때 근육량이 줄어드는 속도가 엄청나게 빨라지지는 않는다. 따라서

RVAT는 완결하든 미완결하든 일에서 손을 완전히 뗄 때까지 비슷하게 유지된다.

조금 더 자세히 알아보자. 일을 추진하는 데 있어 RVAT가 균등하다면, 시간을 끌면 끌수록 RVAT는 자꾸 쌓인다. 이를 공식으로 만들면 다음과 같다.

【행동의 공식】

$T = W/(D-N)$

T(Time of Completion) = 일하는 데 걸리는 시간
W(Work) = 해야 하는 일의 총량
D(Daily Work) = 하루당 처리하는 일
N(Natural Speed of Degeneration) = 일의 자연 퇴보 속도

일을 완결하는 데 걸리는 시간은 하루에 처리하는 일(VAT)과 하루에 자연 퇴보(RVAT)하는 차이를 먼저 계산하고, 이 차이에서 나온 값으로 전체 해야 하는 일의 총량을 나누면 된다. 이렇게 실제 처리한 양으로 일의 총량을 나누면 일을 완결하는 데 걸리는 시간이 도출된다. 이해를 돕기 위해 예시를 들어보겠다.

> 전제 조건: 해야 하는 일의 총량 100, 일이 자연적으로 퇴보하는 속도 10
>
> Case 1. 하루당 처리하는 일 20
>
> 일을 완결하는 데 걸리는 시간 T_A = 100/(20-10) = 10일
>
> Case 2. 하루당 처리하는 일 30
>
> 일을 완결하는 데 걸리는 시간 T_B = 100/(30-10) = 5일
>
> Case 3. 하루당 처리하는 일 50
>
> 일을 완결하는 데 걸리는 시간 T_C = 100/(50-10) = 2.5일

수치로 계산하면 더 명확해진다. Case 1과 Case 2는 하루당 들이는 노력은 33퍼센트 정도, 걸리는 시간은 2배 차이가 난다. Case 1과 Case 3을 비교하면 차이는 더 극명하다. 들이는 노력의 차이는 2.5배지만, 일을 완결하는 데 걸리는 시간은 2.5배 단축된 4일이 아니라 무려 4분의 1 수준으로 단축된, 2.5일이 되었다. 어떻게 생각하면 당연한 결과다. 10일 동안 쌓이는 저항의 정도인 RVAT가 100, 5일간 쌓이는 RVAT는 50, 2.5일간 쌓이는 RVAT는 겨우 25였기에 가능하다. 물론 모든 일이 이렇게 수치적으로 명쾌하게 떨어지지는 않는다. 다만, 일을 할 때 너무 긴 시간 동안 늘어지게 하는 것보다 단시간에 밀도 있게 추진하는 방법이 더 빠른 시간 내 일을 매듭 지을 수 있다는 사실은 확실하게 알 수 있다. 일을 진행할 때 가능한 한 단기

간에 집중하여 일을 매듭 지으면 천천히 오랜 기간 일을 하는 것에 비해 훨씬 유리하다.

일을 진행하는 행동을 컨베이어 벨트 위를 역주행하는 행동으로 비유했었다. 그렇다면 일의 완결은 어떤 의미일까? 이는 컨베이어 벨트의 끝에 다다라 평지로 내려온 상태로 비유할 수 있다. 앞서 탄성 계수를 이야기했는데, 어떠한 일이든 그 일을 완결하면 신기하게도 과거 상태로 곧바로 회귀하지 않는다. 이미 완결한 일은 다시 원래 상태로 절대 돌아가지 않거나, 아무런 일을 하지 않고 방치하더라도 초기 상태로 잘 돌아가지 않는다. 그 이유가 있다. 세상의 모든 일은 완결했을 때 '기록' 혹은 '축적'되기 때문이다.

일의 완결이 기록되는 경우, 이미 기록된 사항은 결코 사라지지 않는다. 축구 경기에서 어떤 팀은 전반전에 활약을 펼친 끝에 세 골을 넣었다고 하자. 후반전이 시작되었다고 해서 이 점수가 사라지지 않는다. 골을 넣는 행동을 완결하면 기록으로 남아 사라지지 않는다. **일을 완결함으로써 사회적으로 합의되어 있는 기록이나 자격을 취득하면 이 일은 변하거나 사라지지 않는다.** 대표적인 예시로 학력, 자격증, 면허 등이 있다. 일을 완결한 뒤에 기록으로 남는 특성을 가지고 있다면 그 일에 노력을 더 기울일 필요가 없고, 그 일 자체는 이미 완결한 상태에서 변하지 않는다.

완결하기 위해 행동한 일이 쌓여 체화되기도 한다. 예를 들어 어떤 사람이 10년간 피아노를 열심히 치며 피아니스트로 활동했다고 하자. 그 피아니스트는 사정이 생겨 일주일 동안 피아노를 치지 않았다. 이 사람의 기량은 매일 연습하던 때보다는 약간 떨어졌겠지만, 그렇다 해도 처음 피아노를 시작한 수준으로 떨어졌을 리 없다. 이처럼 고도로 숙련된 일은 잠시 행동을 멈춘다 해서 순식간에 기량이 원점으로 돌아오지 않는다.

그런데 축적되는 성격의 일은 기록으로 남는 성격의 일과 다른 점이 있다. 기록으로 남는 일은 어떤 상황이 벌어져도 계속 유지되지만, 축적되는 성격의 일은 어느 정도의 경지에 오른 뒤에도 감각의 유지를 위해 지속적 연습 또는 그 능력을 꾸준히 활용해야 한다. 잘 다듬어 날이 시퍼런 칼도 시간이 지나면 점차 녹슬게 된다는 사실을 기억하자.

그러므로 낮은 밀도의 노력으로 일 하나를 길게 끌지 말고 단기간에 밀도 있는 VAT를 통해 일을 완결하자. 그 방법이 여러분의 시간을 더욱 가치 있게 만든다. 일을 완결하면 과거에 마주했던 한계를 돌파할 수 있다. 일을 시작했을 때 반드시 완결해야 하는 이유다. 일을 완결하지 않으면 언제까지나 제자리에 있거나 퇴보하지만, 일을 완결한 이후에는 더 이상 과거로 돌아가지 않는다.

사무직으로 일하는 사람이라면 문서 작업을 할 일이 많다. 원활하게 문서 작업을 하기 위해서는 몇 가지 프로그램을 잘 다룰 수 있어야 한다. 그리고 문서 작업 기능을 잘 이해하는 능력을 공인해주는 자격증 시험 역시 존재한다. 어떤 사람이 열심히 시험을 준비해 자격증을 취득한다면, 적어도 그 유효 기간 동안은 그 능력이 기록되어 없어지지 않는다. 설령 유효 기간이 지나 자격증이 만료된다 하더라도 자격증을 공부하는 도중 익힌 지식은 감만 유지하는 수준으로 프로그램을 지속적으로 다루어주면 퇴보하지 않는다. 경험이 축적되었기 때문이다. 완결했기에 얻을 수 있는 결과다.

발전하고 싶은가? 지금보다 더 나은 사람이 되고 싶은가? 그렇다면 완결하라.

Chapter 5

행동 부스터로 완결에 다가가라

혁신은 연구 개발 자금을 얼마나 갖고 있냐와 상관없습니다.
애플이 매킨토시를 출시했을 때 IBM은 연구 개발에
최소 100배 이상의 비용을 쏟고 있었습니다.
돈이 문제가 아닙니다.
어떤 방향으로 가느냐에 관한 문제입니다.

- 스티브 잡스(애플 창업자)

일을 하는 과정은 결승선을 향해 달리는 행동과 같다. 결승선을 향해 달려야 하는데 어디로 가야 할지 모른다면 좋은 성적을 기대하기 어렵듯, 일을 하면서 무슨 일을 어떻게 해야 하는지 명확히 알지 못하면 시간을 낭비하게 된다. 시간 낭비가 반복될수록 일은 쉽게 해결되지 않으며, 추진 속도가 느려지고 자존감과 사기가 떨어져서 도중에 포기하거나 일을 미완결하게 된다. 계획에 없던 문제가 갑자기 발생해 잘 만들어둔 계획이 무너지거나, 데드라인에 쫓겨 일을 제대로 완결하지 못해서 포기하는 경우도 있다. 또한 금주나 금연처럼 지속적으로 참아야만 하는 일은 성공이라는 기준조차 없어 의지를 깎아 먹고 실패하기 쉽다.

이 모든 상황에 대비한다면 끝내 완결의 기쁨을 맛볼 수 있다. 이번 장에서는 행동을 부스팅할 수 있는 팁들을 준비했다. 간단하지만 이전과 완전히 달라질 강력한 5가지 부스터를 알아보자.

부스터 I
: 체크인/체크아웃 계획법

계획 수립 단계에서 '일일 단위의 계획은 옳지 않다'는 이야기를 한 적이 있다. 이 말은 자신이 매일매일 무엇을 하는지 명확하게 파악하지 말라는 뜻이 아니다. 계획이 오늘 어떤 일을 할지 큰 줄기를 파악할 수 있게 해주는 장치라면, 계획에 따라 당장 오늘, 지금 무슨 일을 해야 하는지 정리하는 일은 또 다른 문제며, 이 일 역시 반드시 필요하다.

이 작업을 To-do list(해야 할 일 목록)로 이미 챙기는 사람도 많다. To-do list에 그날 할 일을 적고, 중요도를 표시해 리스트를 완성했다면 충분히 훌륭하게 하루를 계획하고 있다고 봐도 무방하다.

이 책에서는 To-do list에서 한 단계 더 나아간 방법을 공유하고자 한다. 바로 '체크인/체크아웃(Check-in/Check-out) 계획법'이다.

체크인과 체크아웃을 이야기하면 호텔이나 공항이 떠오를 것이다. 하는 일은 비슷하다. 말 그대로 일을 '시작하고', '결과를 내서 끝내는' 활동이다. 일을 완결하기 위한 체크인/체크아웃 계획법은 To-do list와 매우 비슷하면서도, 작은 차이 덕분에 더 강력한 효과를 발휘한다.

예시를 보면서 체크인/체크아웃 계획법의 작성 요령을 알아보자.

1. 할 일 목록 앞에 사각형 칸을 만든다

To-do list를 작성할 때는 할 일 앞에 점을 찍거나 표시하는 경우가 많다. 체크인/체크아웃 계획법 작성 시에는 할 일 앞에 사각형이나 동그라미 등, 빈칸이 있는 도형을 삽입한다. 이유는 간단하다. 일이 완료되면 다 했다고 표시하기 위해서다.

예시처럼 체크인/체크아웃 계획법을 작성할 때 할 일 앞에 사각형을 그리면 된다. 일이 끝난 뒤 사각형에 표시를 해주면 완결한 일과 아직 미완결된 일을 명확히 구분할 수 있다.

> **7/3 Check-in**
> ☑ 전사 전략 회의 Time line(Deadline/task/Owner) 작성 후 팀 내 공유
> ☑ xx산업 성장 전망(2019~2024) Report 작성 후 1차 Review, Update 본 작성 후 팀 내 공유
> ☐ xx기업 M&A 가능 여부 파악을 위한 기초 재무제표 파악 및 요약 Report 작성

2. '할 일'을 쓰지 않는다. 일을 한 뒤 도출되는 '결과물'을 적는다

이 부분에서 To-do list와 체크인/체크아웃 계획법이 가장 크게 차별화된다.

사람들은 To-Do list를 작성하면서 '오늘 무엇을 할지'를 적는다. 이렇게 목록을 적으면 무언가를 했다는 이유만으로 어떤 아웃풋(Output, 결과물)이 발생하지 않았더라도 오늘 '무언가를 완결했다'고 착각하는 함정에 빠진다. 하지만 그런 태도는 지금껏 이야기 해 온 완결의 정의와 맞지 않는다. 일의 완결은 언제나 결과물을 동반한다. 매일매일 성과를 내는 사람과 그렇지 않은 사람의 하루하루가

쌓인다면 그 차이는 엄청나게 벌어지기 마련이다.

앞선 예시를 다시 보자. 이번에는 굵은 글씨로 표시된 곳을 주목하도록 한다.

7/3 Check-in

☑ **전사 전략 회의 Time line**(Deadline/task/Owner) 작성 후 팀 내 공유

☑ **xx산업 성장 전망(2019~2024) Report** 작성 후 1차 Review, Update 본 작성 후 팀 내 공유

☐ **xx기업** M&A 가능 여부 파악을 위한 **기초 재무제표** 파악 및 **요약 Report** 작성

여기에서 굵은 글씨로 표시된 대목이 그날의 결과물이다.

즉, 일과를 종료하고 나면

\- 전사 전략회의 Time line

\- XX산업 성장 전망 Report

\- XX기업 기초 재무제표 요약 Report

위의 리포트들이 나와야 이날의 일을 완결했다고 할 수 있다. 이 아웃풋을 내기 위해 해야 하는 부수적인 활동은 적지 않는다. 예를 들면 자료를 찾고, 읽고, 숙지하고, 공부하는 일은 체크인/체크아웃

계획법에 적지 않는다. 이것이 To-do list와 가장 큰 차이점이다.

아웃풋이 나와야 체크 박스에 완결했다고 표시할 수 있으므로 한 가지 일을 하다 미완결 상태로 다른 일로 넘어가는 일을 방지할 수 있다. To-do list에서야 자료를 읽은 행동도 무언가를 했다고 여기지만, 체크인/체크아웃 계획법의 관점에서는 아무것도 하지 않은 것이다. **단순히 뭐라도 했다는 만족감으로는 일을 완결할 수 없다. 일을 했다면 결과물이 나와야 한다.**

3. 다음 날까지 연속으로 해야 하는 일은 점선으로 표기한다

모든 일을 시작해서 하루 만에 끝낼 수 있다면 참 좋겠지만 그렇게 안 되기도 한다. 이 경우, 일과 시간을 마치고 체크아웃을 할 때, 체크 박스에 체크 표시를 점선으로 해주어 완결한 일과 구분한다. 내일 아침 체크인 때는 어제 다 마치지 못한 일을 이어서 하면 된다. 만약 아침에 목표했던 일 가운데 손대지 못한 일이 존재한다면 체크 박스는 그대로 비워둔다. 당연히 이것은 내일 해야 하는 일이 된다. 다시 정리하면 다음과 같다.

완결한 일: 실선 체크
하다 못 한 일: 점선 체크
시작 못 한 일: 빈칸

7/3 Check-in
- ☑ 전사 전략 회의 Time line(Deadline/task/Owner) 작성 후 팀 내 공유
- ☑ xx산업 성장 전망(2019~2024) Report 작성 후 1차 Review, Update 본 작성 후 팀 내 공유
- ☑ xx기업 M&A 가능 여부 파악을 위한 기초 재무제표 파악 및 요약 Report 작성

4. 오늘 끝내야 하는 일부터 적는다. 그날 꼭 할 필요 없는 일은 별도로 구분한다

체크인/체크아웃 계획법을 작성할 때는 오늘 반드시 끝내야 하는 일부터 차례로 작성한다. 어떤 일을 먼저 끝내야 할지 감이 잡히지 않는다면, 일단 일을 적어놓은 뒤 체크 박스 앞에 숫자를 적어 우선순위를 정한다.

7/3 Check-in

- ☑ 전사 전략 회의 Time line(Deadline/task/Owner) 작성 후 팀 내 공유
- ☑ xx산업 성장 전망(2019~2024) Report 작성 후 1차 Review, Update 본 작성 후 팀 내 공유
- ☑ xx기업 M&A 가능 여부 파악을 위한 기초 재무제표 파악 및 요약 Report 작성

- ☐ **△△산업 관련 용어집 정리(Excel file로) (Due: 7/15)**

그리고 일 중에는 기한을 정해서 바로 끝내야 하는 일도 있지만, 장기적으로 진행해야 끝낼 수 있는 일도 있다. 또는 개인적으로 알아두면 좋겠다는 생각에 진행하는 일도 존재한다. 이를 비(非)우선순위 업무(Deprioritized-work)라고 하는데, 그날 끝내야 하는 일과는 따로 구분하여 기록한다. 바로 점선 아래에 굵은 글씨로 표시된 일이 비우선순위 업무다.

중요도가 높은 일과 달리 비우선순위 업무에는 일의 기한(Due Date)을 적도록 한다. 여기서 한 가지를 미루어 짐작할 수 있다. 체크인/체크아웃 계획법을 작성할 때는 언제나 '당일 끝낼 업무'를 적는다는 점이다.

당일 끝내야 하는 업무를 적는 게 원칙이지만, 기록해두지 않으면 잊어버릴 위험이 있는 장기적 업무/반복적 업무는 비우선순위 업무로 구분하되 완료 시한을 적어둔다. 진척도를 표시할 수 있는 종류의 일이라면 진척도도 함께 표시하자.

지금껏 출근해서 막연히 업무를 시작했거나 등교해서 어떤 과목을 먼저 공부해야 할지 몰랐던 사람이라면 체크인/체크아웃 계획법을 통해 더 체계적으로 업무와 공부를 할 수 있게 될 것이다. 꾸준히 To-do list를 적어왔던 사람도 조금 더 짜임새 있게 시간 관리를 하는 동시에 예전에 비해 일을 보다 잘 완결해나갈 수 있다. 실제로 이 방법은 컨설턴트들이 하루 일과를 시작하고 마칠 때 많이 사용한다. 이제부터 여러분도 체크인/체크아웃 계획법으로 한 단계 레벨업(Level-up)된 방법을 활용해보면 어떨까?

부스터 II
: 이슈를 컨트롤하라

원하는 대로 모든 일이 이루어진다면 얼마나 좋을까? 하지만 현실은 마음먹은 대로 일이 흘러가지 않는 때가 더 많다. 특히 예상하지 못한 문제가 발생하면 일을 완결하는 데 큰 어려움을 겪게 된다. 예상치 못한 문제를 이슈(Issue)라고 하는데, 이슈가 발생하면 어떻게 해야 할까? 이슈를 컨트롤하는 방법을 알아보자.

본격적으로 이슈 컨트롤 방법을 이야기하기 전 이 사실을 알았으면 한다. **이슈가 발생한 직후 일이 망가지는 경우는 극히 드물다.** 만약 지금까지 이 책의 내용에 따라 충실하게 결정하고 계획하고 실행했다면, 어지간한 이슈 앞에서도 지금껏 해온 일이 쉽게 무너져버리지는 않을 것이다.

또한 **대부분의 이슈는 사전에 충분히 예방할 수 있다.** 일을 완결하기 위해 행동이 지속적으로 쌓여야 하듯, 해결하기 까다로운 이슈는 어느 순간 갑자기 발생하지 않고 사소한 이슈를 지속적으로 방치할 때 일어난다. 따라서 대부분의 이슈는 손쓸 수 없을 만큼 커지기 전에 막을 수 있다.

이슈가 전혀 발생하지 않는다면 좋겠지만 그럴 확률은 매우 적다. 다만 이슈가 발생했다면 초기에 해결해야 피해를 최소화할 수 있다. 이제부터 이슈를 컨트롤하는 3가지 방법을 알아보자.

1. 우선순위를 재정립하라

과업의 우선순위는 일의 중요도에 따라 결정해야 한다고 앞서 말했다. 그리고 과업의 중요도는 시급성과 얻게 될 이익, 완결하지 않았을 때 받게 될 피해의 크기를 활용하여 판단하도록 한다. 진행 중인 과업에 이슈가 발생했고 다음과 같은 일이 예상된다면 이슈가 발생한 과업부터 우선적으로 처리하도록 하자.

- 결과가 바뀔 가능성이 크다.
- 향후 과업의 방향성이 바뀔 가능성이 크다.
- 지금까지 한 과업이 무위 또는 실패로 돌아갈 가능성이 크다.

아무리 바쁜 일이 있더라도 집에 불이 난다면 당장 불부터 꺼야 집 전체가 타는 일을 막을 수 있듯 이슈도 마찬가지다. 이슈는 일단 발생하면 그 크기가 빠르게 불어나는 습성이 있다. 그러므로 현재 발생한 이슈가 작다고 가볍게 여기지 말고, 웬만하면 이슈를 먼저 해결한 뒤 다른 과업을 진행하기를 권한다.

2. 주변의 도움을 받아라

이슈가 발생했을 때 혼자서 해결할 수 있다면 굳이 이슈라고 부르지 않아도 된다. 때로는 스스로 해결할 수 없는 일도 진행 과정에서 발생한다. 특히 신입 사원들이 처음 입사하여 감당할 수 없는 일을 혼자 해결해보려고 끙끙대다 해결 타이밍을 놓치는 사태가 종종 벌어진다. 그러다 뒤늦게 다른 팀원들에게 이를 알려서 구성원 전체를 곤경에 빠뜨리기도 한다. 절대로 이런 일을 만들어서는 안 된다. (물론 이런 일이 팀에서 발생한다면 신입 사원 혼자만의 잘못이 아니라 일을 제대로 운영하지 못한 총괄 책임자의 책임이 더 크다는 점을 밝혀둔다.)

따라서 본인 혼자 해결할 수 없는 수준의 문제라고 판단한다면 즉시 실질적으로 도움을 줄 수 있는 사람에게 이 일을 알리고 함께 해결하노록 요청해야 한다. 이슈가 자신의 실수로 발생을 했든, 어쩔 수 없는 상황에서 발생했든 보다 많은 권한을 가지고 있거나 실질적으로 도움을 줄 수 있는 사람에게 알리는 행동은 이슈 해결에 큰 도움이 된다. 사원보다는 과장이 결정할 수 있는 권한이 더 많고, 과장보다는 팀장이, 팀장보다는 사장이 결정할 수 있는 일이 더 많다. 권한을 더 가진 사람에게 도움을 요청하는 일을 에스컬레이션(Escalation)이라고 하는데, 에스컬레이터처럼 일을 위로 올려 해결한다는 의미다. 당연히 권한이 더 많은 사람에게 도움을 요청하면 이슈를 해결할 가능성이 높아진다.

혹시나 이슈를 알리는 행동을 했다는 이유로 불리한 지경에 처하거나 비난받는 상황을 두려워한 나머지, 이슈를 감추고 있지는 않은가? 그것은 더 큰 폭탄이 될 일을 공개하고 있지 않은 셈이다. 지금 공개해야 한다. 나중에는 단순히 호통으로 끝나지 않을 더 큰 불이익이 기다리고 있으며, 심한 경우에는 구성원 전체를 위기에 빠뜨릴 수 있다.

그 같은 상황을 막기 위해서라도 지금 주변에 도움을 청하라. 오히려 초기부터 일을 바로잡기 위해 노력하는 사람이라는 좋은 인상을 남길 수 있다.

3. 버퍼를 설정하라

성공적으로 일을 완결하는 사람들은 실제 능력도 뛰어나지만 이와 함께 상대방의 기대 수준 관리(Expectation Management)를 아주 잘한다. 포브스 500대 기업의 CEO들에게 리더십 강의를 하는 마이크 마얏(Mike Myatt)은 기대 수준 관리의 핵심을 다음과 같이 말했다.

"적게 약속하라, 그리고 더 많이 이행하라(Commit less, deliver more)."

이 방식은 이슈를 컨트롤하는 데도 매우 유용하다. 최선을 다해 지킬 수 있는 만큼 계획을 짜되 약간 여유를 둔다. 일이란 혼자 하는 경우보다는 협업하는 경우가 많다. 이럴 때 나만 최선을 다한다 해서 모든 상황을 통제할 수는 없다. 따라서 일을 할 때는 반드시 버퍼(Buffer, 완충 지대)를 두어야 한다. 이때 버퍼를 너무 길게 잡으면 일이 느슨해질 수 있으므로, 일이 진행되는 통상적인 일정에서 10~20퍼센트 수준으로 잡으면 좋다.

예를 들어 여러분이 오늘 오전 9시에 어떠한 일을 시작한다고 가정하자. 이 일을 오후 3시까지 끝낼 수 있을 것 같다면, 점심시간을 제외한 5시간 동안 끝낼 수 있는 일이므로 다른 사람들에게는 4시까지, 즉 6시간 걸리면 일을 마칠 수 있다고 이야기하면 된다. 이로써 1시간의 버퍼를 확보했다. 이 시간을 아까워 말라. 이슈가 발생하면 이를 처리할 시간이 반드시 필요한데, 버퍼는 이슈를 해결할 시간을 벌어준다. 만약 아무런 이슈가 발생하지 않아서 일이 일사천리로 진행된 덕분에 예상한 시간보다 훨씬 더 빨리 일을 완결했다면? 그것도 그 나름대로 좋다. 남은 시간 동안 편히 쉬어도 되고 다른 일을 해도 될뿐더러, 무엇보다 일을 빨리 완료해 기대 이상의 성과를 보여주었으니 얼마나 좋은가?

일을 진행할 때 버퍼를 꼭 설정하기를 권한다. 특히 팀으로 일할 때 버퍼 설정은 필수다. 혹시 발생할지도 모를 이슈를 해결할 시간을 확보하고, 이슈가 발생하지 않으면 더 빨리 일을 완결할 수 있다.

부스터 III
: 데드라인을 관리하라

    데드라인(Deadline, 일을 완결해야 하는 마지노선)의 설정은 일을 명확하게 끝낼 수 있도록 도와준다. 일을 할 때는 데드라인을 스스로 정하거나, 이미 정해진 데드라인을 기준으로 역산하여 할 일을 정리하자. 데드라인이 없는 일은 진행 상황이 늘어지는 경향을 보이므로, 데드라인 설정은 일을 완결하는 데 긍정적인 역할을 한다.

    통상적으로 정식 계약은 데드라인이 있다. 이 경우, 산출물의 완성도보다 데드라인 준수가 더욱 중요하다. 정식 계약을 기반으로 진행하는 일은 데드라인을 지키지 못하면 미완결로 끝나기 때문이다.

    계약을 했거나 팀으로 일할 때는 데드라인 준수가 특히 중요하다. **하지만 스스로 정한 목표를 혼자 수행할 때는 데드라인 준수보다 일의**

완결이 훨씬 더 중요하다. 스스로 목표를 세우고 일을 진행하면서 데드라인을 지키지 못하면 대다수는 일을 그만둔다. 그만두는 행동은 절대 해서는 안 된다. 홀로 설정한 목표의 데드라인을 꼭 지키지 못한다고 해서 아무도 뭐라 하지 않는다. (설령 주변에서 핀잔을 줄지라도 큰 문제는 아니다.)

잘 생각해보자. 스스로 설정한 데드라인이고, 데드라인을 맞추지 못한다 해서 아무에게도 피해가 가지 않는다면 어떤 선택을 해야 하는가? 데드라인을 지키지 못했으니 그만두고 일을 미완결 상태로 만들어야 하나? 아니면 데드라인을 지키지 못했더라도 끝까지 완결해야 하는가? 당연히 완결해야 한다. 시간이 더 걸릴지라도 일을 완결하는 경험은 사기 진작에 도움이 된다. 따라서 다른 일 또한 자신 있게 임할 수 있도록 도와준다.

일을 시작하기 전에 데드라인을 설정하지 말라는 뜻이 아니다. 일을 시작할 때는 동기 부여를 위해 데드라인을 설정하라. 일을 진행하면서 데드라인을 넘길 경우 **아무에게도 피해를 주지 않는다면 우직하게 밀어붙여 끝내 일을 완결하는 편이 자신에게 이롭다.**

완결은 언제나 옳다. 시간이 걸려도 끝내 완결한다면, 그 결과는 미완결과 비견할 수 없다.

부스터 IV
: 완결 상태를 유지하기 위해 기간과 난이도를 정하라

　세상에는 적극적으로 '해야' 완결할 수 있는 일이 있고, 적극적으로 '하지 않아야' 완결할 수 있는 일이 있다. 말 그대로 어떤 일을 중단하고 중단한 상태를 유지하는 일의 대표적인 예시가 금연, 금주 등이다. 이런 속성의 일을 완결하기 위해서는 되려 지금껏 해왔던 일을 하지 않아야 한다.

　그런데 '하지 않아야 하는 일'은 '해야 하는 일'과 달리 완결이라는 개념이 존재하기 어렵다. '담배를 끊었다'라는 행동은 더 이상 담배를 피지 않은 시점으로부터 지속되어야 하고 이후 담배를 한 번이라도 피면 실패한 상태가 된다. 즉, 하지 않아야 하는 일은 결과로서 완결이 아닌 **완결 상태**가 나타난다.

하지 않아야 하는 일을 완결하려면 삶이 다할 때까지 그 일을 아예 하지 않아야 그제서야 완결했다고 할 수 있다. 그런데 이 방식으로 목표를 설정하면 데드라인을 설정하지 않고 적극적으로 해야 하는 일을 진행하는 상황과 별 차이가 없다. 따라서 시간이 갈수록 의지가 약해지고 결국 다시 유혹에 빠져 실패하기 쉽다.

완결 상태를 훌륭하게 유지하기 위해 필요한 요소는 2가지다. 첫째는 완결 상태를 유지하는 기간의 설정이고, 둘째는 완결 상태를 유지하며 점진적으로 난이도를 올리는 것이다.

완결 상태를 유지하는 기간의 설정은 말 그대로 **그 일을 '하지 않는 기간'을 정하는 활동**이다. 완결 상태를 인생 내내 유지할 수 있다면 가장 좋겠지만 불가능하거나 어려울 수 있다. 일례로 아예 술을 평생 마시지 않을 수도 있다. 만약 이 다짐을 지키기 어렵다면 일주일에 술은 한 번만 마시겠다고 다짐하고 이를 지키면 된다. 이는 계획성 없이 수시로 술을 마시는 상태보다는 훌륭한 수준으로 완결 상태를 유지하고 있다고 볼 수 있다.

완결 상태를 유지하기 위해서는 난이도 설정 역시 중요하다. 흔히 금연하는 사람들은 처음에 니코틴 패치 등을 붙이다 패치의 수를 점점 줄여가면서 완전 금연의 길로 접어드는데 이런 식으로 '하지 않아야 완결하는 일'에 점진적으로 가깝게 가는 방법을 추천한다. 처음부터 너무 힘든 목표를 설정하면 수포로 돌아가기 쉽다. 하루에

두 갑씩 담배를 피우던 사람이 갑자기 한 개비도 피우지 않겠다고 선언하면 결과가 어떨까? 십중팔구 실패로 이어진다. 점진적으로 다가가도 괜찮다. 결국 완결 상태에 이르고 유지하면 된다.

참아야 하는 상태, 하지 않아야 완결하는 상태는 능동적으로 해야 하는 일에서 RVAT와 같다. RVAT 또한 참아야 하는 시간이다. 따라서 RVAT에서 말한 교훈이 완결 상태를 유지할 때도 똑같이 적용된다.

한 번 삐끗했다고 와르르 무너지는 것이 가장 안 좋다는 사실을 기억하자. 설령 넘어졌더라도 다시 하면 된다. 완결 상태를 유지하는 일도, 완결을 해내는 일도 마찬가지다.

부스터 II와 부스터 IV가 엮여 실제 비즈니스에서 활용되는 분야는 '유지 보수' 작업 분야다. 일이 문제 없이 돌아가는 상태는 완결 상태며, 이를 유지해야 한다. 예를 들어, 통신망을 운영할 때 작은 이슈는 종종 발생한다. 바로 대처하면 완결 상태를 무너뜨리지 않지만, 이슈가 커지면 통신망 장애 등의 문제가 발생한다. 집을 깨끗하게 유지하는 일, 댐이 무너지지 않도록 수량을 조절하는 일, 전력 수요량이 공급량보다 높아져 전기를 전혀 사용하지 못하는 상황인 블랙 아웃(Black Out) 사태가 오지 않도록 하는 일 등, 모두가 완결 상태를 유지하는 일들이다.

개인적인 삶에서도, 업무적인 관점에서도 완결 상태를 유지하는 일은 중요하며, 완결 상태를 유지하기 위해 이슈를 지속적으로 컨트롤해야 한다.

부스터 V
: 꾸준한 반복은 초보자를 전문가로 만든다

　어떤 일이든 처음부터 원하는 수준의 결과가 나오면 얼마나 좋을까? 무슨 일이든 간에, 시작과 동시에 바로 익숙해질 수는 없다. 일을 진행하고 완결하는 과정에서 무수한 연습과 반복이 일어나고, 그 무수한 반복은 점차 실력을 향상시킨다. 보통 아이가 태어나 걷는 데는 1년의 시간이 필요하다. 일어나서 처음 걷게 된 뒤에도 무수한 비틀거림과 넘어짐을 반복한 뒤에야 온전히 걸을 수 있다.

　물론 전문가의 코칭을 받고 가르침을 받으면 더 빨리 성장할 수 있다. 그러나 진정으로 성장하기 위해서는 성장하고자 하는 주제에 대한 자발적인, 그리고 꾸준한 연습이 필수적이다.

　'1만 시간의 법칙'을 들어보았는가? 간단히 설명하면 한 분야의 전문가가 되기 위해서 1만 시간 연습이 필요하다는 법칙이다. 이는 하루에 3시간씩 10년 정도를 훈련해야 한다는 뜻이다.

그런데 이 법칙이 틀렸다는 연구 결과가 나와서 세간의 주목을 끌었다. 많은 사람들이 당연하게 받아들였던 1만 시간의 법칙을 정면으로 반박해 충격을 안겨주었다. 하지만 그 내용을 자세히 살펴보면 1만 시간의 법칙이 틀렸다고 주장하는 게 아니다.

해당 연구 결과를 요약하면 다음과 같다. '아무리 1만 시간 노력한다 하더라도 재능이 없으면 최고가 될 수 없다.' 당연한 사실 아닌가? 축구를 1만 시간 연습한다고 누구나 펠레와 같은 전설적인 선수처럼 잘하게 될 리 만무하고, 아무리 노래를 열심히 연습한다 하더라도 누구나 세계적인 성악가 루치아노 파바로티처럼 노래를 잘 부를 가능성은 매우 적다.

1만 시간의 법칙은 전문가가 되기 위해서 노력해야 하는 시간을 설명한 법칙일 뿐이다. 게다가 1만 시간이 세계 최고가 되기 위한 시간이라고 밝힌 적 또한 없다.

세계 최고의 꿈은 잠시만 미뤄두자. 나중에 설령 세계 최고가 되더라도 우선 **어제보다 나은 내가 되는 목표에서부터 출발하자.** 이 목표를 달성하기 위해 긴 시간 열정을 바쳐 전문가가 되는 일이 먼저다. 일의 결과는 재능과 노력이 섞여 나타난다. 더 중요한 사실은, 재능이 0이어도, 노력이 0이어도 일을 완결할 수 없다는 점이다. 아무리 재능이 뛰어난 사람도 반드시 노력해야 완결이 가능하다. 재능이 좀 덜하다 해도 노력을 더 많이 한다면 완결할 수 있다. 즉, 재능이 아주 바닥인 수준이 아니라면 노력을 통해 세계 1위는 아니어도 전문가 반열에는 오를 수 있다.

물론 매우 뛰어난 재능은 일에 투입해야 하는 시간 자체를 줄여주고, 일정 시간 이상을 투입했을 때도 완성도를 높여주는 역할을 한다. 이렇듯 전문가가 되는 과정에서 재능은 보다 빨리 전문가가 되는 데 도움을 주고, 충분한 노력을 동반하면 높은 수준 그 이상을 바라볼 수 있게 해준다.

그러나 대단한 재능이 없는 사람이라 하더라도, 일에 정통하기 위해 시간을 투입하는 행동은 어제보다 나은 오늘이라는 관점에서 의미가 있다. 하루 종일 운동을 한다고 해서 순식간에 근육이 만들어지지는 않는다. 하루에 식사를 100번 한다고 해서 한 달 동안 식사를 하지 않아도 되는 것은 아니다.

꾸준한 반복은 분명 의미가 있다. 반복되는 훈련 과정에서 해당 분야의 전문가로 성장할 수 있고, 이는 일을 완결로 이끄는 커다란 자산이 되어주기 때문이다.

추사 김정희 선생은 추사체라는 필체를 완성한 당대의 명필이다. 모두가 서예를 오랜 시간 연습한다고 김정희 선생과 같은 필적을 남길 수는 없다. 그러나 추사 선생이 한 말을 보면 왜 반복이 중요한지 알 수 있다.

"내 글씨엔 아직 부족함이 많지만 나는 칠십 평생 동안 벼루 10개를 밑창 냈고, 붓 1천 자루를 몽당붓으로 만들었네."

재능이 충만한 사람도 이렇게 반복하여 노력했다. 반복은 전문가가 되는 유일한 길이다.

재즈 연주는 보통 중간에 즉흥 연주가 포함되곤 한다. 재즈 연주자는 과연 어떻게 즉흥으로 연주를 할 수 있을까? 이미 머릿속에 들어 있는 다양한 멜로디를 자연스럽게 엮는 방법을 순간적으로 생각해서 마치 원래 이어지는 곡인 듯 연주한다. 실제로 연주자마다 즉흥 연주 때 활용하는 자신만의 패턴이 존재한다. 비즈니스를 할 때도 마찬가지다. 회사를 다니며 보고서나 발표를 위한 문서를 만들다 보면 문서의 구조화가 필요하다. 초심자는 하고 싶은 이야기를 어떤 형태로 구조화해야 할지 바로 감이 오지 않지만 무수한 반복과 훈련을 통해 경험이 늘어나면 원하는 이야기에 최적화된 구조를 찾을 수 있다.

타고난 재능을 바꿀 수는 없다. 하지만 노력과 반복은 누구나 할 수 있다. 노력은 여러분을 초보자에서 전문가로 탈바꿈시키는 유일한 방법이다.

좋은 아이디어가 저절로 채택되지는 않는다.
용기 있게 인내심을 가지고 밀어붙여
실행되도록 해야 한다.

- 하이먼 리코버(미국 해군 대장, 세계 최초 원자력 잠수함 노틸러스호 개발자)

Chapter 6

번외편
: 여전히 완결에서 멀리 있는
사람들을 위한 따끔한 질책

사람들은 자신을 과대평가하는 경향이 있다.
운전자의 90퍼센트는 자신의 운전 능력이 평균 이상이라 생각하고,
교수의 94퍼센트는 자신의 유머감각이
다른 교수보다 뛰어나다고 생각한다.
- 로버트 서튼(스탠퍼드 경영대학원 교수)

지금까지 결심하고, 계획을 짜고, 행동하는 요령까지 꾸준히 읽었다면 실제 적용하는 것만 남았다. 앞으로는 과거와는 다르게 완결을 경험하는 빈도가 늘어날 것이다.

그런데 책의 내용을 적용했는데도 과거와 전혀 달라지지 않았거나 완결의 경험을 못 하는 이들이 존재할 수 있다. 이번 장은 그런 사람들을 위해 준비했다. 특히 '나는 늘 자신감이 넘치는데 일이 제대로 풀리지 않는다'라고 생각하고 있는 사람이라면 이 부분을 읽어보길 권한다. 그리고 이제부터 전하는 내용이 조금 읽기 불편할 수도 있음을 미리 알린다.

당신이 일을
완결하지 못하는 이유

　번외편을 읽기로 결심한 사람들에게 하고 싶은 말이 있다. 이 장에는 자신의 상황과 상태를 과대평가하는 이들에게 도움될 만한 내용이 담겨 있지만, 스스로를 과대평가하는 성향이 아니라 하더라도 한번쯤 점검하는 관점에서 읽는다면 도움이 될 것이다.
　이제부터 자신감에 가득 차 있는 사람이 그럴 만한 자격이 있는지 의문을 제기하고자 한다. 자신감에 가득 차 있으면서 원하는 일을 완결한다면 그 자신감을 가지고 있을 자격이 있다. 그러나 자신감에 가득 차 있는데 목표한 바를 이루지 못하고 일을 완결하지 못한다면 무엇이 문제인지 알아야 한다.
　자신을 과대평가하는 사람들은 행동하는 과정보다는 일을 진행하는 첫 단계에 문제가 있다. 생각하고 결심하는 첫 단계부터 잘못 판단하고 있어서 일을 완결하지 못한다. 자신을 모르는 탓이다.

처음으로 돌아가 일을 시작하려는 첫 단계를 살펴보자. 당신은 새해에 어떤 다짐을 했었는가.

"올해는 인사 고과에서 가장 높은 등급을 받겠어."
"올해는 영어 공부 좀 해볼까?"
"올해는 자동차 판매왕이 되어야지."

누구나 세워봤을 법한 목표들이다. 그런데 이렇게 결심한 이후 원하는 만큼의 성과를 거두었는가? 새해를 거창한 목표와 함께 시작하지만 결국 대다수 사람들은 목표를 완결하지 못한다.

결심은 장기간에 걸친 목표로 나타날 때도 있다. 예를 들어보자.

"나는 나중에 하버드대학에 입학할 거야."
"마흔이 되기 전에 100억 부자가 되어야지."

목표가 크다는 사실 자체가 잘못은 아니다. 그런데 현실을 들여다보면 커다란 다짐을 하는 사람 중 극소수만이 일을 완결하고 현실로 만든다. 원하는 바를 현실로 만들어내는 사람과 그렇지 못하는 사람.

설령 지금은 같은 출발선상에 있더라도 점차 간극이 벌어진다.

안타깝게도 결의에 차서 시작한 일을 완결하지 못하는 사람이 많다. 무엇이 문제일까? 주요한 원인을 다음처럼 요약할 수 있다.

> **【자신감이 있지만 완결하지 못하는 원인】**
> 1. 잘못된 목표 설정: 스스로를 제대로 파악하지 못하고 있다.
> 2. 능력 부족: 현재 능력 수준에 너무 버거운 일을 하려고 한다.

이런 이유로 자신 있게 도전하는 일은 미완결로 그치고 소중한 시간만 허비하게 된다. 이에 대해 좀 더 자세히 살펴보자.

1. 잘못된 목표 설정: 스스로를 제대로 파악하지 못하고 있다

자신감이 충만한데 일은 뜻대로 풀리지 않는가? 이렇게 생각해보자. 자신의 능력을 제대로 파악하지 못해서는 아닐까? 잠재력을 모르고 있다는 말이 아니라, 오히려 그 반대로 자신을 꽤나 대단하다 생각하고 있는 점이 문제다. 허황된 목표를 가지고 단번에 이룰 수 있으리라 착각하고 있다는 의미다. 참으로 미안한 말이지만 현실을 직시해야 한다. 스스로를 직접 평가하는 만큼 자신이 대단하지 않을 수 있다.

대다수 사람들은 자기 능력이 대단하지 않다는 사실을 알면서도 현실을 부정하려 한다. 그러면 안 된다. 본인이 어떤 상태인지 제대로 파악하는 일은 완결을 위해 필수적이다. 스스로를 제대로 파악하지 못할 때, 능력을 고려하지 않은 목표를 설정해서 일이 미완결되는 결과로 이어진다.

스스로를 제대로 파악하지 못하면 너무 높은 목표를 설정하거나, 능력이 부족함에도 한꺼번에 지나치게 많은 일을 벌이려고 한다. 하는 일의 종류는 정말 많고 그로 인해 늘 바쁘게 살지만 제대로 완결하는 일은 없는 사람들이 있다. 혹시 자신이 바로 그런 사람은 아닌지 생각해야 한다. 능력을 키운 다음 더 많은 일을 하면 된다. 지금 일을 제대로 완결하지도 못하면서 자꾸만 다른 일을 벌이는 행동은 아무 일도 완결하지 못하게 하는 동시에 계속되는 미완결로 자신감만 떨어뜨리는 결과를 낳을 뿐이다.

2. 능력 부족: 현재 능력 수준에 너무 버거운 일을 하려고 한다

커다란 목표일수록 해야 하는 일을 잘게 쪼개서 완결해야 한다.

'목표'라는 큰 산을 넘기 위해 그 목표를 구성하고 있는 과업을 하나씩 완결해야 하는데, 단번에 너무 멀리 뛰려다 보니 자신 능력에 한계를 느끼고 포기하고 만다. 10미터를 한 걸음에 갈 수 있는 사람은 없다. 그 10미터를 100걸음으로 통과하라면 누구나 할 수 있다.

첫 번째 원인이 최종 목표에 대한 설정과 관련이 있다면, 두 번째 원인은 설정한 목표에 다다르기 위해 어떤 방식으로 실행해야 하는지를 다룬 과정적 이야기다.

그렇다면 앞서 언급한 문제들을 어떻게 해결하고, 일을 완결하기 위한 첫 단추를 제대로 꿸 수 있을까? 원인별로 그 해법을 준비해보았다.

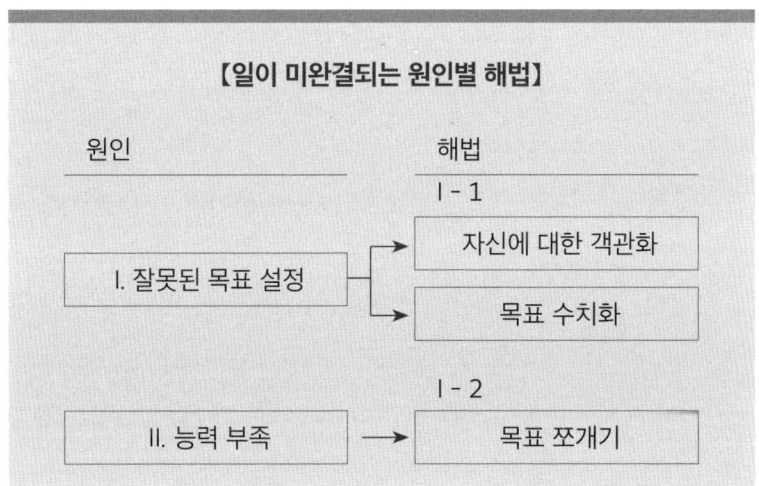

잘못된 목표 설정 바로잡기 I-1
: 스스로를 객관적으로 바라본다

"나는 천만 달러 흥행 배우가 될 거야."

할리우드의 한 무명 배우는 입버릇처럼 천만 달러를 버는 배우가 되겠다고 늘 말하고 다녔다. 그는 진짜 돈은 아니지만 스스로 만든 천만 달러 수표를 지갑에 늘 지니고 다녔다. 오랜 세월을 거쳐 그는 결국 자신이 한 말을 지키게 됐는데, 바로 이 이야기의 주인공은 영화 「마스크(Mask)」로 일약 스타덤에 오른 짐 캐리다.

짐 캐리의 일화처럼 어떠한 말을 지속적으로 하는 행동은 삶의 방향을 바꾸어주는 힘이 있다. 그렇더라도 지나침은 부족함만 못한 법이다. 사람의 말을 들어보면 종종 자신과 자신의 가치, 업적을 부풀리곤 한다. 이런 말들은 일을 완결하는 데 결코 도움되지 않는다.

스스로를 객관적으로 바라보는 일이 왜 중요한가? 50의 역량을 가진 사람이 있다고 해보자. 그런데 이 사람은 자신의 역량을 늘 70이라고 부풀려 말하고 다닌다. 이 상태에서 목표를 잡는데, 그 목표는 80의 역량이 있어야 완결할 수 있고, 90 이상의 역량이 있어야 성공을 보장한다. 결과는 어떻게 될까?

실제 역량은 50뿐이라 80과는 큰 괴리가 있으며, 성공을 담보하는 역량인 90과는 2배 가까운 차이가 난다. 따라서 일을 시작하더라도 중간에 실제 자신의 역량을 깨닫고 포기하고 만다. 도중에 포기했으므로 미완결 상태가 되었다. 기세 좋게 시작한 이 사람은 결국 시간만 낭비하고 아무런 성취도 얻지 못한 결과를 받아들여야 한다.

거대한 목표에 도전하지 말라는 이야기가 아니다. 자신의 상태와 역량을 착각해 감당하지 못할 일에 도전했다가는 낭패를 볼 가능성이 크다는 뜻이다.

반면 스스로를 객관적으로 바라보면, 완결할 수 있는 수준으로 적절한 목표 설정이 가능해진다. 다음은 자기 객관화를 정확히 하고 있는지 알아볼 수 있는 체크리스트다. 이를 통해 자신이 객관화를 제대로 하고 있는지 점검해보자.

【자기 객관화 체크리스트】

	Y	N
1. 나는 내가 알고 있는 것보다 나를 부풀려서 타인에게 말하지 않는다. [Y: 말하지 않는다, N: 말한다]		
2. 나는 실제 나보다 내 상태를 부풀리기 위해 속임수를 사용하지 않는다. [Y: 사용하지 않는다, N: 사용한다]		
3. 나는 내 기억과 객관적인 기록이 차이가 날 경우, 객관적인 기록에 오류가 있다 생각하지 않는다. [Y: 객관적인 기록은 오류가 없다, N: 객관적인 기록에 오류가 날 수도 있다]		
4. 나는 내가 평소 말하고 다녔던 예상 수준보다 결과가 좋지 않게 나왔을 경우 그것이 단순한 실수나 운이 나빠서라고 이야기하지 않는다. [Y: 이야기하지 않는다, N: 이야기한다]		
5. 내가 남들에게 말하는 내 능력은 나의 평균 능력이다. 내가 지금껏 일군 최상의 결과를 내 능력이라고 말하지 않는다. [Y: 내 평균 능력이다, N: 내 최상의 능력이다]		
6. 나는 과거에 비슷한 목표를 수행하며 성공한 경험을 가지고 있다. [Y: 있다, N: 없다]		
7. 나는 최근 시도한 일 3가지 중 2가지 이상 완결했다. [Y: 그렇다, N: 아니다]		
총 개수	개	개

진단 결과는 Y의 개수를 세어 판단한다.

7개: 이 진단 결과는 둘로 나뉘어진다. 본인이 어떤 쪽인지는 스스로 고민해보기 바란다.
① 당신은 지금 자신조차 속이고 있다. 정말 객관적으로 자신을 바라보고 있는가? 이런 태도가 일을 미완결하게 만든다.
② 당신은 기계에 가까운 수준으로 자신에게 철저한 사람이다. 일을 완결하는 측면에서는 더할 나위 없이 철저하다. 한편으로는 심각한 스트레스에 빠져 있는 것은 아닌지 생각해볼 필요가 있다.

5~6개: 당신은 자신을 객관적으로 보고 있다. 그만큼 제대로 된 계획과 목표를 잡는다면 원하는 바를 이루어나갈 준비가 충분히 되어 있다.

2~4개: 평균 수준으로 자기 객관화를 하고 있다. 때로 자신을 부풀려 말하기도 하고 근사하게 포장하기도 한다. 반대로 내면적으로는 자신의 진짜 모습과 자신이 말하는 모습의 괴리감을 깨닫고 스스로 힘겨워하기도 한다. 괜찮다. 이제 스스로를 객관적으로 볼 수 있게 되었으니 지금부터 당신에게 맞는 방법을 찾으면 된다.

0~1개: 당신은 허상 속에 살고 있다. 지금과 같은 마음가짐으로는 어떠한 일도 완결할 수 없다. 꿈꾸는 이상은 높은데, 실제로는 초라한 자신을 인정하려고 하지 않는다. 그러다 보니 자꾸 자신의 가치를 부풀려 말하고 어느 순간 그 말에 속아 자신이 실제 그런 사람이라고 착각하는 악순환에 빠져 있다. 이 책을 읽게 된 것은 행운이다. 지금부터 노력한다면 분명 달라질 수 있다.

자기 객관화와 관련하여 당부하고 싶다. '내 능력을 사실대로 말하면 다른 사람들이 나를 무시하지 않을까?'라는 두려움을 버려야 한다. 사람들은 여러분이 스스로를 부풀린 말을 듣고 박수 치는 것이 아니라, 여러분이 이루고 완결한 성과에 박수 친다. 스스로를 객관적으로 바라보고 그 모습에 당당하자. 지금부터 계속 성장하고 완결하면 된다.

또한 자신의 역량 수준을 파악한 이후 지금 하고 있는 일에 다른 일을 추가할 수 있는지도 생각해봐야 한다. 24년의 나이 차가 있음에도 우정이 돈독한 버크셔 해세웨이 회장 워렌 버핏과 마이크로소프트 창업자 빌 게이츠. 청년 시절 게이츠는 버핏과 식사를 할 기회가 있었다. 이야기를 나누다 서로의 일정표를 비교해볼 기회가 생겼는데, 매 순간 스케줄이 촘촘하다 못해 빼곡한 게이츠의 일정표와 달리 버핏의 일정표는 텅텅 비어 있지 않은가? 이미 막대한 부를 축적한 기업 수장의 일정표치고는 일정이 너무 없는 점을 의아하게 여긴 게이츠는 버핏에게 그 이유를 물었다. 그러자 버핏은 이렇게 말했다.

"자네는 거절의 기술을 배워야 해."

이 이야기는 큰 시사점을 준다. 여러 일을 추진하지만 하나도 제대로 완결하지 못하는 사람들은 보통 자기 자신의 역량을 제대로 파악하지 못한 상태에서 욕심이 너무 앞서거나, 사람 성격이 좋은 나머지 주변에서 들어오는 일을 제대로 거절하지 못한다.

특히 누군가가 부탁하는 일, 요청하는 일을 전부 해줄 필요가 없다는 사실을 명심해야 한다. 자신이 현재 하고 있는 과업에 다른 과업이 추가되어도 충분히 관리가 가능한지를 진지하게 생각한 다음 결정하도록 하자. 자신의 욕심에서 비롯되는 유혹과, 주변 사람의 부탁을 거절해야 할 때가 있다. 지금 일을 완결하고 있는 빈도가 낮다면 더더욱 그렇다. 설령 다른 사람에게 도움을 주고 싶어 시작한 일이더라도 그 일을 완결하지 못하면 일을 부탁한 사람에게 도움을 주기는커녕 오히려 피해를 입힌다는 사실을 염두에 두자.

잘못된 목표 설정 바로잡기 I-2
: 목표 수치화를 통해 완결 가능성을 점검한다

　숫자를 활용하면 목표를 정하고 완결 가능성을 가늠할 때 더 명확한 판단이 가능해진다. 완결 가능한 목표인지 아니면 목표 재설정이 필요한지 알 수 있다. 예를 들어, '나는 일 잘하는 사람이 될 거야'보다는 '이번 고과에서 최우수 등급을 받을 거야'라는 목표가 낫다. 또한 부자가 되겠다고 막연히 다짐하지 말고 '투자를 통해 100억을 벌겠다'라고 목표를 세우는 편이 낫다. 마찬가지로 '살 뺄 거야'라는 막연한 목표보다 감량 기한과 몸무게가 명시된 목표가 더 실현 가능성이 높다.

　다만, 숫자가 한 번 등장한 수준으로는 충분하지 않다. 목표가 완결 가능한지 **목표를 분해해 숫자로 들여다볼 필요가 있다.**

"나 두 달 안에 10킬로그램 감량할 거야!"

이 말만으로 목표를 완결할 수 있을지 없을지 알 수 없다. 목표 선언 안에 포함된 10킬로그램은 막연하게 '이 정도 빼면 날씬해 보일 테니까'라는 어림 짐작에서 나오는 숫자며, 두 달 또한 그저 막연하게 튀어나온 숫자다.

깊은 고민 없이 목표 설정을 하면 이 일을 완결할 수 있을지 없을지 모르고 무작정 행동을 시작한다. 완결할 수 있을까? 대부분은 미완결하게 된다. 완결 가능한 목표인지 제대로 따져보지 않은 탓이다.

그럼, 이 목표를 수치화해서 생각해보자. 목표가 완결 가능한지 알기 위해 알아야 하는 몇 가지 배경 지식을 우선 소개한다.

【2달 안에 10킬로그램 감량 여부를 알기 위한 배경 지식】

1. 기초 대사량: 자신의 기초 대사량을 체크해보아야 한다. 만일 잘 모른다면 평균치를 사용하자. 보통 남성은 1,500킬로칼로리를, 보통 여성은 1,200킬로칼로리를 소모한다.
2. 섭취하는 음식의 칼로리: 100퍼센트 정확할 수는 없지만 일일 섭취 칼로리를 알아야 한다. 매일 기록할 수 없다면 일주일간 먹은 식단의 칼로리를 기록하고, 그 칼로리를 7로 나누어도 좋다

> 3. 운동으로 소모하는 칼로리: 체중 감량을 통해 선택하는 일반적인 방식은 러닝머신을 걷고 뛰는 일이다. 성인 남성은 350킬로칼로리 정도를, 성인 여성은 300킬로칼로리 정도를 1시간 동안 걷거나 달려서 소모할 수 있다.
> 4. 지방 1그램은 9킬로칼로리의 에너지를 낸다. 거꾸로 말하면 9킬로칼로리를 소모해야 지방 1그램을 없앨 수 있다.

어느 정도 배경 지식을 갖추었으니, 달성 가능한 목표인지 구체적으로 알아보자. 성인 남성이 식이요법을 병행한다고 했을 때 어느 정도의 운동을 해야 할까. (실제 체중 감량은 더 복잡한 스포츠 생리학적 지식을 요하지만, 여기서는 이 목표가 완결 가능한지만 확인하면 되니 최대한 단순화하겠다.)

1. '10킬로그램=1만 그램'이다. 일반적으로 체중 감량은 지방 감량을 의미하므로 '1만 그램 x 9킬로칼로리'의 계산 결과인 9만 킬로칼로리를 소모해야 이 목표를 달성할 수 있다.
2. 성인 남성이라면 60일간 기초 대사량으로 9만 킬로칼로리를 소모한다.
3. 이 성인 남성은 식이요법을 통해 하루 평균 1,200킬로칼로리의 음식만을 섭취했다.

4. 따라서 '소모가 필요한 칼로리-기초 대사량+섭취 칼로리=감량이 필요한 칼로리'고, 계산하면 7만 2천 킬로칼로리가 된다.
5. 앞서 언급했듯, 성인 남성이 1시간 유산소 운동으로 소모하는 칼로리는 350킬로칼로리다.
6. 따라서 이 남성이 2달간 10킬로그램을 감량하기 위해서는 **하루 평균 3시간 24분의 러닝머신을 매일 타야** 한다.

아직도 2달간 10킬로그램 감량이 쉽게 완결할 수 있는 목표라고 생각하는가? 하나하나 뜯어보면 깊은 고민 없는 목표 설정은 일의 미완결로 가는 지름길이라는 사실을 알 수 있다. 이를 표로 표현하면 더 적나라하다.

【목표 수치화의 사례】

A. 필요 소모 칼로리	90,000	기초 대사량: 1,500
B. 기초 대사량 합계	90,000	하루 섭취 칼로리: 1,200
C. 섭취 칼로리 합계	72,000	1시간 유산소 소모 칼로리: 350
소모 필요 칼로리(A-B+C)	72,000	
필요 유산소 시간(h)	205.7	
1일 평균 유산소 시간(h)	3.4	

처음부터 너무 무리한 목표를 설정하면 미완결하기 쉽다. 체중 감량 기간을 늘리든지, 하루 섭취 칼로리를 낮추는 등, 다른 방법을 강구해야 한다는 것을 알 수 있다. 이는 목표를 수치화한 덕분에 알 수 있는 결과다.

이처럼 목표를 수치화하면 일의 난이도 파악이 쉬워진다. 최소한의 배경 지식, 목표 달성까지 잡은 기간, 목표량 등 3가지만 파악한다면 어떠한 목표든 쉽게 달성 여부를 가늠할 수 있다.

이 방법은 '모델링'이라고 하는데, 컨설팅 비즈니스에서도 지금의 추세로 일이 진행되었을 경우나 목표를 달성할 수 있는지 알아볼 때 쓰이는 유용한 방법이다. 만약 달성하기 어렵다면 목표를 조정하거나, 시간을 늘리거나, 인력을 더 투입하는 등의 방법을 추가적으로 고려하도록 한다. 개인적으로 일을 진행하는 경우여서 인력 투입을 추가로 할 수 없다면 목표를 낮추거나 시간 여유를 두는 식으로 목표를 조정한다.

잘못된 목표 설정 바로잡기 II
: 목표 쪼개기를 통해 능력 부족을 만회한다

처음부터 난이도가 높은 목표를 설정하고 달려들기에는 '아직' 능력이 부족할 수도 있다. 지금 능력이 부족하다고 해서 영원히 능력이 부족한 것이 아니며, 능력을 조금씩 키워나간다면 원하는 일을 완결할 수 있다.

만약 3미터 높이를 올라가려 할 때, 3미터 벽을 단 한 번의 점프로 넘어가는 방법이 수월할까? 아니면 그 3미터를 10등분 한 30센티미터 높이의 계단 10개를 오르는 방법이 수월할까? 당연히 후자가 수월하다. 이처럼 지금 수준에서 완결 가능한 일부터 완결해야 한다. 과하게 욕심을 부리다 오히려 미완결에 그칠 수 있다.

왼쪽과 오른쪽 사람 중 누가 보다 쉽게 꼭대기에 오를 수 있을까? 단번에 너무 높은 일을 완결하기 어렵다면, 단계적으로 쪼개 진행하는 편이 훨씬 수월하다.

따라서 목표로 삼은 일을 완결하기 위해 해야 하는 일을 더 잘게 쪼개서 완결 짓는 방식, 바로 '목표 쪼개기' 기법을 활용하도록 한다. 앞선 단계에서 목표 수치화를 통해 '이 목표가 과연 설정한 기한 내 완결할 수 있는 목표인가?'를 가늠할 수 있었고 필요한 경우에는 기간을 조정할 수 있었다면, 목표 쪼개기를 통해서는 눈앞의 목표를 '지금 당장' 달성할 수 있는지의 여부를 알 수 있다.

목표 쪼개기는 완결해야 하는 목표의 높이를 낮추는 작업이 아니다. 목표 쪼개기는 목표의 높이를 타협하는 작업이 아니라 당장 달성할 목표의 높이를 낮추는 작업이다.

아무리 완결하기 어려워 보이는 목표라도 쪼개 생각해보면 현재의 능력치로 해결할 수 있는 과업이 존재하고, 그 부분을 해결하고 나면 과업의 개수가 줄어든다. 남아 있는 과업 난이도가 과거 해결했던 과업의 난이도보다는 높더라도, 과업을 완결하는 과정에서 능력치는 성장하고 결과적으로 좀 더 어려운 과업까지 해결할 수 있게 된다.

수학을 하나도 배우지 않은 어린이에게 사칙연산이 복잡하게 얽혀 있는 문제를 내면 풀 수 없지만, 덧셈, 뺄셈, 곱셈, 나눗셈을 하나씩 익히게 한 이후라면 어린이가 사칙연산 문제를 풀 수 있는 것과 같은 이치나. 즉, '사칙연산을 풀겠다'라는 목표를 설정한 뒤 무엇을 해야 하는지 모르는 단계에서, 목표를 덧셈, 뺄셈, 곱셈, 나눗셈으로 쪼갠 뒤에 하나씩 목표를 달성하면 처음에는 결코 달성할 수 없을 것 같던 사칙연산이라는 목표도 달성할 수 있다.

목표 쪼개기는 크게 2가지로 나뉜다. '병렬식 목표 쪼개기'와 '순차적 목표 쪼개기'다.

병렬식 목표 쪼개기

목표는 여러 과업의 조합이므로 목표 달성을 위해 많은 과업을 완결해야 한다. 병렬식 목표 쪼개기의 모범 예시가 있다. 일본 야구선수 오타니 쇼헤이가 하나마키히가시고교 1학년때 세운 목표 달성표다. 오타니 쇼헤이는 '8구단 드래프트 1순위'라는 목표 달성을 위해 이 목표를 8개로 쪼개어 각각의 목표를 만들고, 다시 각각 쪼갠 작은 목표를 또다시 8등분 하여 실행해야 하는 '과업 단위'로 만들어냈다.

【오타니 쇼헤이의 목표 달성표】

몸 관리	영양제 먹기	FSQ* 90kg	인스텝 개선	몸통 강화	축 흔들리지 않기	각도를 만든다	공을 위에서 던진다	손목 강화
유연성	몸 만들기	RSQ* 130kg	릴리즈 포인트 인정	제구	불안정함 없애기	힘 모으기	구위	하체 주도로
스태미너	기동력	식사 저녁 7수저(가득) 아침 3수저	하체 강화	몸을 열지 않기	멘탈 컨트롤 하기	볼 앞에서 릴리즈	회전 수업	기동력
뚜렷한 목표, 목적을 가진다	일희일비 하지 않기	머리는 차갑게 심장은 뜨겁게	몸 만들기	제구	구위	축 돌리기	하체 강화	체중 증가
펀치에 강하게	멘탈	분위기에 휩쓸리지 않기	멘탈	8구단 드래프트 1순위	스피드 160km/h	몸통 강화	스피드 160km/h	어깨 주위 강화
마음의 파도를 만들지 말기	승리에 대한 집념	동료를 배려하는 마음	연간성	운	변화구	기동력	라이너 케치볼	피칭 늘리기
감성	사랑받는 사람	계획성	인사하기	쓰레기 줍기	부실 청소	카운트볼 늘리기	포크볼 완성	슬라이더의 구위
배려	인간성	감사	물건을 소중히 쓰자	운	심판을 대하는 태도	늦게 낙차가 있는 커브	변화구	좌타자 결정구
예의	신뢰받는 사람	지속력	플러스 사고	응원받는 사람이 되자	책읽기	직구 같은 폼으로 던지기	스트라이크 에서 볼을 던지는 직구	거리를 이미지화

* FSQ, RSQ는 근육 트레이닝용 머신이다.   [출처: 스포츠닛폰]

오타니 쇼헤이와 마찬가지로 우리가 달성하려 하는 목표 역시 '동시에 진행해야 하는 여러 과업'의 집합으로 이루어져 있다. 오타니 쇼헤이에게 '8구단 드래프트 1순위'가 목표였듯, 가운데 사각형에는 목표를 적는다. 이를 쪼개면 '완결해야 하는 과업'의 단위로 나뉜다. 오타니 쇼헤이의 형식을 똑같이 따를 필요는 없다. 이루고자 하는 목표를 쪼개서 '실행이 가능한 과업 단위'로 만드는 것이 핵심이다. 병렬식으로 목표를 쪼개서 진행하면 더 수월하게 목표를 달성할 수 있다.

순차적 목표 쪼개기

쪼개놓은 과업을 먼저 해야 하는 단계와 나중에 해야 하는 단계로 나눌 수 있는지 생각해본다. 할 수 있는 한 선행 단계와 후행 단계를 최대한 자세히 나누어놓는다. 이 중에서 이미 해결한 일, 아직 해결하지 않았지만 곧 해결할 수 있는 일과(다시 말하지만, 스스로의 능력을 과신하지 말라. 할 수 있는지 없는지를 냉정하게 판단하라.) 앞으로 해결할 일로 나누고, 앞으로 해결할 일을 더욱 자세히 쪼갠다. 이렇게 쪼개진 목표는 뒤로 갈수록 난이도가 올라가게끔 설정할 수 있다.

오타니 쇼헤이의 목표 중 FSQ(프론트 스쿼트) 90킬로그램이 있는

데, 처음부터 FSQ 90킬로그램을 할 수는 없다. 10킬로그램부터 차근차근 무게를 올려나가야 한다. 서서히 무게를 올리다 보면 FSQ 90킬로그램을 할 수 있게 된다. 이 방법이 순차적 목표 쪼개기의 예시다.

목표는 이와 같은 순차적 목표 쪼개기와 병렬식 목표 쪼개기를 병행하여 과업 단위로 만들 수 있다.

지금 가고자 하는 길이 너무 복잡하게 꼬여 있는 것 같아서 엄두가 나지 않는가? **목표를 잘게 쪼개면 당장 눈앞에 펼쳐진 길은 직선이다.** 꼬여 있지 않은 과업을 하나씩 완결하며 나간다면 복잡한 목표도 언젠가는 완결할 수 있다.

번외편을 읽은 소감이 어떤가? 자신을 객관적으로 파악하고, 하려는 일을 명확하게 판단하면 이제부터는 자신감도 충만하면서 일도 척척 완결하는, 진짜 멋진 사람으로 성장할 수 있다. 이제부터 시작해보자.

아무것도 시도할 용기가 없다면
도대체 인생이란 무엇이겠는가?
- 빈센트 반 고흐(화가)

Chapter 7

완결을 기념하라.
그리고 또 다른 완결을
준비하라

할 수 없을 것 같은 일을 하라.
실패하라. 그리고 다시 도전하라.
이번에는 더 잘 해보라.
넘어져본 적이 없는 사람은
단지 위험을 감수해본 적이 없는 사람일 뿐이다.
이제 여러분 차례다. 이 순간을 자신의 것으로 만들라.

- 오프라 윈프리(미국 토크쇼 여왕)

드디어 그토록 바라던 '완결 단계'에 이르렀다. 완결한 일의 크기와 상관 없이, 목표한 만큼이었든 아니든 완결 자체는 진심으로 축하받을 일이다. 지금껏 치열하게 고민하고 용기 있게 결단하여 부단히 노력했기에 완결이라는 결과를 맞이했다. 인생은 계속 이어지듯, 일단은 완결했다는 사실을 즐기고, 전열을 가다듬을 필요가 있다. 일을 완결한 다음, 반드시 해야 할 일을 알아보자.

완결 파티
: 수고한 자신에게 반드시 보상을 주어라

    완결은 결코 쉽지 않다. 따라서 완결했다면 분명 가치 있는 일을 했다고 봐도 좋다. 이번 장을 시작하면서 여러분에게 건네고 싶은 말은 "수고했으니 노세요!!"다. 진심이다.

    일을 완결했으니 쉬거나 놀 자격이 있다. 아니, 반드시 쉬거나 놀아야 한다. **쉬거나 노는 활동은 일을 완결한 사람이 누릴 수 있는 권리인 동시에 반드시 해야 하는 일이기도 하다.** 일의 완결을 위해 자신을 지나치게 몰아붙이는 사람은 스스로에게 쉴 틈을 주지 않는다. 기계도 쉴 틈 없이 사용을 지속하면 금방 망가진다. F1 레이싱 도중 차량이 정비를 받기 위해 들어오는 상황을 떠올려보자. 단순히 생각하면 정비받는 동안 다른 차들이 추월하니 손해를 보는 것 같다. 하지만 정비 없이 무리해서 레이스를 지속하면 차량이 망가져 아예 레이스를 지속할 수 없지 않은가.

사람도 마찬가지다. 큰일이든 작은 일이든 하나의 완결을 이룬 뒤에는 스스로에게 반드시 작은 선물이라도 주기를 권한다. 쉬는 활동은 레이싱에서 정비를 받는 활동에 비교할 수 있다. 무조건 몰아붙이기만 하면 길게 달리지 못하고 주저앉게 된다. 도중에 잠시 쉬는 시간이 아깝다고 생각하는 인식부터 바꾸어야 한다. 완결한 뒤에는 자신에게 휴식이든 놀이든 보상을 주자. 장기적인 관점에서 훨씬 좋다. 이를 '완결 파티'라고 정의하자. 시험이 끝난 뒤에 실컷 노는 행동, 프로젝트가 끝나고 나서 회식을 하는 행동, 휴가를 내고 여행을 가는 등의 행동은 완결 파티의 전형적인 사례라고 할 수 있다.

그러면 완결 파티는 어떤 방식이 좋을까? 정형화된 형식은 없다. 다만, 방탕하게 노는 일은 완결 파티가 아니며, 길게 노는 일 역시 완결 파티의 취지에서 벗어난다. 완결 파티는 다음의 요건을 갖고 있다.

【완결 파티의 6가지 요건】

1. **일을 완결하느라 일주일 이상 지속적으로 노력해왔다면 완결 파티를 할**

자격이 있다. 다만 일주일보다 짧게 일해서 완결한 일이라면 굳이 파티까지 할 필요는 없다. 너무 잦은 완결 파티는 오히려 일하는 동력을 떨어뜨린다. 지나치게 잦은 빈도의 완결 파티는 RVAT로 작용한다.

2. **완결 파티는 선택 사항이 아니라 필수 사항이다.** 특히 한 달 이상 공들인 일을 완결했을 때는 반드시 완결 파티를 하자. 사람은 기계가 아니다. 일을 하면서 절대적인 시간의 투입도 중요하고, 일하는 사람의 사기 역시 중요하다. 완결 파티를 통해 사기를 올릴 수 있을 뿐더러 더 큰일을 완결할 수 있다는 자신감을 얻는다.

3. **완결 파티는 그 일을 성공했든 실패했든 구분하지 않고 완결했을 때 즉시 한다.** 일의 성패 여부에 연연하지 말고 설령 실패했더라도 조촐한 파티라도 열자. 설령 원하는 만큼 일을 달성하지 못했더라도 다음 기회에 반드시 더 크게 앞으로 나갈 것이고 더 크게 성취할 수 있다. 완결했기 때문에 성취를 얻었다는 사실만으로 완결 파티를 즐길 권리가 있다.

4. **완결 파티는 어떠한 일이든 완전히 완결된 이후에 한다.** 너무 빠르게 샴페인을 터뜨리는 우를 범해서는 안 된다. 예를 들어 이번 일을 끝내고 나면 100만 원이 입금될 예정이라고 미리 파티를 해서 10만 원을 썼다. 그런데 상황이 꼬여 100만 원을 받을 수 없게 되었다. 또는 이번 달에 받을 줄 알았던 100만 원이 시간이 한참 지나야 입금된다는 사실을 알았다. 이미 완결 파티를 하느라 돈을 썼는데, 완결했다는 증거인 100만 원은 들어오지 않았다. 미완결했는데 돈을 쓴 셈이다. 이처럼 일의 마지막에 예상과 달라지는 경우는 생각보다 자주 일어난다. 일을 완전히 완결한 이후에 완결 파티를 해야 한다. 끝날 때까지 끝난 게 아니다.

5. 완결 파티는 필요하지만 **지금까지 해왔던 성취가 무뎌질 만큼 긴 시간 휴식을 가지는 일은 옳지 않다.** 파티는 짧게 일회성으로 한다. 파티를 마친 뒤에는 다시 본연의 자세로 돌아가 다른 완결을 준비하자.

6. **여러분이 완결한 일의 성과보다 더 많은 지출을 해서는 안 된다.** VAT를 약간 만들어놓고 더 많은 양의 RVAT를 소모한다면 당연히 후퇴다. 이런 일은 운동할 때 종종 발생한다. 1시간 열심히 러닝머신에서 달린 뒤에 시원한 맥주와 안주를 먹는다면? 운동으로 소모한 칼로리보다 섭취한 칼로리가 많을 것이다. 이런 행동은 일을 후퇴시키고 미완결에 가깝게 할 뿐 완결 파티와 거리가 멀다. 완결 파티는 지금까지의 노력한 자신의 기분을 환기하는 수준에서 진행해야지, 성과를 망가뜨려서는 안 된다.

완결한다는 것, 분명 멋진 보상을 받기에 충분하다. 완결한 일이 차곡차곡 쌓여서 목표를 달성하고, 그 성공 경험이 쌓여 점차 바라는 모습으로 다가간다는 사실을 잊지 말자.

아직도 완결 파티를 하지 않고 무얼 하는가?

잠시 동안만 책을 덮어라. 그리고 내일 다시 책을 읽어도 괜찮다. 축하받아 마땅한 일을 했다. 정말 수고 많았다는 이야기를 전한다.

완결 이후의 피드백: 완결 노트를 작성하라

이제 완결한 일을 다시 한번 곱씹는 시간을 가져보자. 의미 있는 일이다. 일을 완결한 이후에는 '완결 노트'를 작성하면 큰 도움이 된다. 완결 노트를 왜 작성해야 하는지, 어떠한 방식으로 작성하는지, 작성했을 때 무엇이 좋은지 알아보자.

왜 완결 노트를 작성해야 하는가?

생각해보면 지금껏 일이 끝났을 때 결과만 받아드는 경우가 대부분이었다. 고등학생 때까지는 점수로 완결한 일, 즉 시험으로 평가를 받고, 대학생 때는 과목별로 학점이라는 결과를 손에 쥔다. 취업을 위해 회사에 지원할 때는 합격/불합격으로 결과를 받지만 설명이 매우 부족한 경우가 많았다. 회사는 지원 결과만 알려주고 '귀하의 뛰어난 능력은 매우 높게 평가되었으나, 안타깝지만 이번에는 모실 수 없게 되었습니다' 정도의 말만 해줄 뿐이다.

이처럼 여러분은 지금껏 일을 완결한 뒤 '결과에 대한 이유'를 듣지 못한 채 오랜 시간을 살아왔다. 물론 고민해보면 그 이유를 짐작할 수 있다. 학생이 수업을 듣고 B+라는 학점을 받았다면, '지금껏 시험, 과제, 출석을 조합했을 때 백분율로 몇 퍼센트 정도니 이 학점을 받았겠구나'라고 어림짐작이 가능하다. 학점을 산출한 교수님은 학점에 대해 자세히 설명해주지 않는다. 모든 학생에게 피드백을 주는 일은 현실적으로 어렵기도 하다. 그나마 학점처럼 대략적 산출 과정을 알고 있다면 괜찮다. 대다수 일은 굉장히 복잡다단하게 얽혀 있어서 그 이유를 명확히 알기 어렵다.

그런데 다른 사람들이 말해주지 않는다면 스스로라도 이유를 생각해봐야 한다. 그래야 완결이 더욱 가치 있다. 일을 완결했고, 그 일이 좋은 결과가 되었든, 아니든 '왜 이러한 결과를 받게 되었는지'를 고민해보는 시간을 가져야 한다. 바둑에서 자신이 두었던 수를 다시 두며 검토하는 일을 '복기'라고 한다. 완결한 일을 복기하는 시간을 가지면 다음 일에 임할 때 어떻게 해야 하는지 보다 명확해진다. 완결 노트는 자가 피드백을 주는 과정이다. 그 피드백을 통해 다음 일을 할 때는 시행착오를 크게 줄일 수 있다. 이 이유만으로도 완결 노트를 작성해야 하는 당위성은 충분하다.

완결 노트에는 무엇을 적어야 할까?

사실 대단히 많은 내용을 남아야 할 필요는 없다. 다음에 제시된 사항을 작성해보라. 이번 일을 통해 배운 점이 무엇인지 깨닫게 되고, 향후 다른 일을 할 때 이번 완결을 통해 얻은 성취를 어떻게 활용할지가 좀 더 명확해진다.

완결 노트에는 다음의 7가지 항목을 작성한다.

【완결 노트의 7가지 항목 작성법】

1. 일의 결과와 결과에 대한 만족도

이번 일에 대한 간략한 설명과 일의 결과를 적는다. 성적이라면 성적을 적고, 취업이라면 합격과 불합격이라는 결과를 적는다. 다음으로 일의 결과와 내가 들인 노력을 비교한다. 노력 대비 더 좋은 결과였는지, 노력만큼 나온

결과인지, 노력 대비 결과가 불만족스러운지를 적고, 그렇게 느낀 이유를 작성해보자. 만일 완결한 일을 영역별 또는 단계별로 나누어 생각할 수 있다면 최대한 세분하여 결과를 적고 각 결과에 대한 만족도를 적자. 처음 목표를 세우고 과업 단위로 쪼개는 작업을 진행했을 텐데, 그 과업 단위도 쓰면 좋다. 사람들은 최선을 다했든, 그렇지 않든 자신의 결과에 쉽게 만족하지 못하는 경우가 많다. 그 이유를 직접 작성해보면 자신이 한 노력을 객관적으로 바라볼 수 있을 것이다.

2. 잘한 점 3가지
일을 완결하면서 잘했다고 생각한 점을 3가지 적어보자. 누구에게 보여주는 것이 아니므로 당당하고 자신 있게 적고, 일을 진행한 시간이 짧거나 도저히 잘한 점이 생각이 나지 않으면 1~2가지라도 반드시 적자. 잘한 일이 너무 많다면 가장 잘한 상위 3가지만 추려서 적자.

3. 개선되었으면 좋았을 3가지
잘한 일과 마찬가지로, 일을 진행하고 완결하면서 '이런 점을 더 개선했다면 좋았을 텐데'라는 사항이 있다면 3가지를 적자. 개선할 점이 너무 많다면 가장 시급하게 개선이 이루어져야 하는 사항부터 순서대로 3가지를 적고, 이번 일을 너무 완벽하게 완결했더라도 개선할 점을 반드시 찾아서 1~2가지를 적자.

4. 습득하게 된 능력 또는 기술

이번 일을 통해 새로 갖추게 된 기술이나 능력이 있다면 적어본다. 그리고 이 능력이나 기술이 향후 다른 일을 하게 될 때 어떻게 도움이 될지 간단하게 기록하자.

5. 버리게 된 나쁜 습관 및 나쁜 생각

일을 완결했다는 것은 일을 진행하며 습관이나 생각에 긍정적인 변화가 있었음을 암시한다. 이번 일을 통해 버리게 된 나쁜 습관이나 나쁜 생각이 있다면 적는다.

6. 얻게 된 교훈

일을 진행하고 완결하면서 얻게 된 교훈이 있다면 간단히 적자.

7. 스스로에게 한마디

자신에게 해주고 싶은 말을 간단히 적자. 쑥쓰러울 수도 있다. 그래도 꼭 해보자. 격려의 말이든, 질책의 말이든 앞으로의 다짐이든, 무엇이든 좋다. 완결 노트는 완결한 일에 대해 스스로 피드백을 주는 과정이다. 대부분의 사람들은 일 관련해서는 제대로 된 피드백을 타인에게만 요청하고 스스로 피드백을 주는 과정은 거의 하지 않는다. 그런데 자아 성찰이야말로 자신을 객관적으로 뒤돌아볼 수 있게 해주고, 앞으로 어떠한 일을 하는데 마음가짐을 새롭게 만들어준다.

추가적으로 알아야 할 사실이 있다. 완결하면 성패와 상관없이 성취한다고 말했는데 여러분이 적은 **완결 노트의 4번, 5번 그리고 6번이 이 일을 완결하여 얻은 성취**라고 생각하면 된다.

혹 일의 결과가 실패였다고 하더라도 그 일로 너무 오랜 기간 좌절하지는 않았으면 한다. 비록 이번에 한 일 자체는 실패일지라도 완결을 했다면 성취한 내용이 반드시 존재한다. 성취한 내용을 직접 적지 않았는가? 일의 성공과 실패 여부와 상관없이 일을 완결했다면 반드시 성취가 존재한다. 그 성취가 모이고 쌓여 결국 일을 완결함과 동시에 앞으로 새롭게 도전하는 일을 완결하며 성공할 수 있게끔 점차 성장하게 된다.

완결 노트 작성으로 얻을 수 있는 것

완결 노트를 적는 일은 그 자체로 도움이 되고, 완결 노트 기록이 모였을 때도 도움이 된다. 우선, 완결 노트를 적으면 현재 **자신의 강점과 향후 개선해야 할 점을 명확하게 파악할 수 있다**. 또한 적어둔 완결 노트를 기반으로 **새로운 일을 시작하게 될 때 완결 전략을 떠올릴 수 있다**. 자신이 무엇을 잘하고 어떤 점이 부족한지 이미 알고 있기 때문에 가능한 일이다.

회사에서 일을 진행하기 위해서는 여러 가지 능력이 필요하다. 분석 능력이 필요하고, 수치화하는 능력도 요구된다. 일을 하며 새로운 개념을 만들어야 할 때도 있고, 결과물을 보고하기 위해 발표 능력도 갖춰야 한다. 그런데 한 사람이 모든 영역을 잘하기 어렵듯, 누구에게나 어떤 부분은 강점으로, 어떤 부분은 보강할 점으로 존재한다. 일의 결과만 받는 사람과 그 일을 통해 자신의 강점 및 보강할 점, 그리고 성취한 점을 알고 있는 사람 사이에 격차가 벌어질 수밖에 없다.

지피지기면 백전백승이란 말이 있듯, 자신에 대한 명확한 파악은 다음 일을 할 때 완결 전략을 쉽게 세우게 해주고, 완결 전략을 쉽게 세울 수 있으면 계획을 세우는 시간이 단축된다. 장점과 개선해야 할 점을 명확하게 파악하고 있다면 시간과 한정된 자원을 효과적으로 활용할 수 있다. 이 역시 IVAT 최소화를 통한 VAT 극대화에 기여하는 일이다.

또한 완결 노트는 기록이 모이고 쌓이면 **사기 진작과 자존감 고취**에 도움이 된다. 그러기 위해 완결 노트만을 위한 전용 노트를 마련해서 완결한 일을 꾸준히 적어나가길 권하고 싶다. 완결 노트를 지속적으로 쓰는 습관을 들이면 인생을 살아오면서 해왔던 다양한 완결을 한눈에 볼 수 있다. 때로 일이 맘대로 풀리지 않아 답답할 때 완결 노트를 들춰보기 바란다. 좌절해 있거나 기가 죽어 있을 때 이 노트를 들추어보면, 지금껏 얼마나 많은 완결을 해냈고 완결을 통해 얼마나 많은 일을 성취했는지 돌아볼 수 있다. 지금껏 **잘 해왔던 스스로의 자취를 보면 자존감 고취와 사기 진작에 도움이 된다.** 특히 앞으로 마주하게 될 일을 완결할 수 있다는 자신감을 불어넣어준다.

실패한 경험은 아프다. 그렇기 때문에 시간이 지날수록 실패한 경험에서 배웠던 성취는 점차 기억 속에 묻힌다. 완결 노트의 작성**은 완결을 통해 얻은 성취를 기록함으로써 시간이 지나도 잊지 않게끔 하는 역할**을 한다.

똑똑하고 기억력이 좋다면 기록하지 않아도 기억할 수 있다고 생각할 수 있다. 하지만 당대의 천재로 불리는 과학자 알버트 아인슈타인(Albert Einstein)이 세계적인 과학자가 되는 데도 기록하는 습관은 중요한 역할을 했다. 대학 졸업 후 특허청에 취직했던 아인슈타인은 틈나는 대로 자신의 생각을 메모했고, 그 내용을 시각화해야만 위대한 발견을 할 수 있다고 믿었다. 일을 완결할 때마다 그리고 일을 완결해 가는 과정에서 수시로 메모를 하던 버릇이 아인슈타인을 한 시대를 아우르는 위대한 과학자로 만들었다.

이탈리아 출신의 위대한 미술가이자 과학자인 레오나르도 다빈치(Leonardo daVinci)도 메모광으로 유명했다. 그는 생전에 3만여 장에 달하는 메모를 남겼고, 2014년에는 이런 메모를 담은 책『코덱스 해머』가 3100만 달러(약 347억 원)에 마이크로소프트 창업자인 빌 게

이츠에게 팔리기도 했다.

　이 외에도 발명왕 토머스 에디슨(Thomas Edison)은 "자신이 접하는 모든 정보를 기록하라"고 했으며, 미국 16대 대통령 에이브러햄 링컨(Abraham Lincoln)도 모자에 항상 필기구를 지니고 다녔을 만큼 '기록의 힘'을 믿었던 인물이다. 당대의 석학과 천재도 기록의 중요성을 이토록 강조했으니 여러분도 기록의 힘을 믿어보면 어떨까?

　한 가지 일에 대해서도 복기가 가능하고 완결한 일이 쌓이면 자신감을 주는 완결 노트, 이를 적는 일은 상당히 매력적이다. 완결 노트의 기본적인 틀은 앞서 언급한 7가지 항목이지만, 만약 사진으로 표현할 수 있다면 사진으로 기록하고, 녹음으로 남길 수 있다면 녹음해서 성장하고 발전하는 모습을 다양하게 기록하자. 스스로 발전하는 모습을 보는 일만큼 자신감을 고취시킬 수 있는 방법은 그리 흔하지 않다. **완결 노트는 도전하고 있는 일에 가로막혀 힘겨워하고 있을 때 다시 한번 심기일전하여 도전할 수 있는 용기를 주는 보물이 된다.**

　새해, 새 학기의 초입에서 목표를 세우고 새로운 일을 시작할 때 계획을 세우는 사람들은 많다. 그러나 일을 완결하고 난 뒤에 제대로 된 피드백을 스스로에게 주는 경우는 드물다. 성공으로 끝나면 자신감을 얻으니 그나마 괜찮지만 일이 실패로 끝나면 대다수는 무기력감에 사로잡혀 일을 완결하며 배운 점이나 개선된 점이 있음에도 파악하지 못하고 지나치게 된다. 완결 노트는 이러한 일을 막아준다. 설령 일이 성공으로 끝나지 않았을지라도 완결했다면 여러분은 그 일을 통해 분명 성장해 있다. 성장한 일, 그 성취를 잊지 않기 위해서라도 완결 노트를 작성해야 한다.

완결 노트와 체크인/체크아웃 계획법 작성의 연계

　행동 부스터에서 이미 체크인/체크아웃 계획법을 설명했다. 이 기록물을 결합하면 일을 완결하는 데 큰 도움이 된다. 목표를 과업 단위로 쪼갰고 그 과업들을 매일 체크인/체크아웃 계획법으로 결과물을 내는 것이다. 결과물이 모여 과업을 완결하고 완결한 과업이 모여 목표를 달성하게 된다.

　두 기록물은 별도로 다룰 때보다 연계해서 작성할 때 더욱 강력해진다. 완결 노트 작성 이후 각 과업을 구체적으로 이루어가는 과정을 기록하지 않으면 과업을 작성하는 길을 세부적으로 알 수 없다. 그리고 체크인/체크아웃 계획법은 매일 열심히 작성하더라도, 완결 노트를 작성하지 않고 목표와 그 목표를 이루기 위한 과업을 정의하지 않으면 샛길은 속속들이 알고 있으나 큰 숲을 볼 줄 모르는 셈이다. 여러분에게는 큰 숲을 보는 시각도, 숲의 끝자락에 이르는 세부적인 길도 모두 필요하다.

결산 노트의 작성

이번에는 결산 노트에 대해 설명하겠다. 결산 노트는 완결 노트와 작성 기준이 다르다. 완결 노트는 어떠한 일의 완결을 기점으로 작성한다면 결산 노트는 시기를 기점으로 작성하면 된다.

결산 노트는 정해둔 시기의 시작과 끝에 작성한다. 예를 들어 새해 다짐을 한다면 새해의 목표를 적고, 그 해가 끝날 때 목표를 이뤘는지를 작성한다. 그런 뒤 이루지 못한 목표를 내년에 다시 도전할지 적고, 각 목표별 느낀 점을 작성한다.

결산 노트를 자주 작성할 필요는 없다. 상반기, 하반기에 각각 한 번씩 작성하거나 연말에 한 번만 작성해도 된다. 다만 결산 노트를 삭성할 때 목표도 함께 설정해야 한다. 마치 기업들이 정기적으로

실적 보고를 하는 상황과 같다. 자신이 상반기를 어떻게 살았는지, 하반기는 무엇을 이루었는지를 작성한다고 생각하면 쉽다. **'한 해를 마무리하며 자신을 돌아보는 일'이 바로 결산 노트의 작성이다.**

그렇다면 결산 노트를 조금 더 보강할 수 있는 방법을 알아보자. 우선 결산 노트에는 다음과 같은 내용을 담도록 한다.

【결산 노트에 담아야 할 내용】

- **목표**(설정한 기간이 시작될 때 작성)

이번 기간 동안 달성하고 싶은 목표를 간략히 작성한다. 이때 주의할 점은 목표를 설정하면서 '성과'를 구체적으로 작성해야 한다는 것이다. 예를 들어 '수영을 배워보겠다'라는 식으로 목표를 작성하지 말고, '수영을 배워서 500미터를 쉬지 않고 왕복하겠다'라고 작성해야 성공 여부를 명확히 판단할 수 있다.

- **목표 성공 여부**(이 항목부터는 설정한 기간이 끝난 뒤 작성)

완결 여부가 아닌 성공 여부를 적는다. 목표를 달성했는지 적으면 된다.

- **일의 재도전 여부**

성공하지 못한 일에 대해 다음 시기의 재도전 여부를 적는다. 결산 노트를 작성하며 복기하는 동안 다음 시기에 진행할 일, 즉 다음 목표를 미리 고민해두자. 다음 목표 설정에서 중요도 선정이 좀 더 쉬워진다.

• **목표별 소감**
이번 목표를 위해 노력하며 느낀 소감을 적는다.

• **전반적인 평가 및 소감(문장으로 작성)**
설정했던 기간 동안 목표했던 일이 얼만큼 성공했는지 평가하고 그 이유를 생각해 적는다. 또한 스스로를 격려하거나 앞으로는 이 시기에 있던 일을 자양분 삼아 어떻게 스스로를 바꾸어나갈지 적어보면 좋다.

누구나 원하는 만큼 이룬 일, 시간이나 능력이 모자라 차마 성공하지 못한 일이 있으며, 하고자 했으나 우선순위에서 밀려 하지 못한 일 역시 존재한다. 만약 성공하지 못한 일이나 우선순위에서 밀려 하지 못한 일이 있다면 이 일을 다음 결산 노트를 작성할 때까지 다시 진행할지, 아니면 진행하지 않을지를 결정하고 다음 목표에 작성을 하면 된다. 그리고 기간 동안 진행한 일들이 만족스러웠는지, 아쉬운 점은 무엇인지 기록하자. 이를 통해 해마다 더 나은 사람으로 탈바꿈할 수 있다. **결산 노트는 여러분의 삶을 뒤돌아보게 하는 동시에, 앞으로의 여러분을 더욱 발전적인 방향으로 이끌어준다.**

마치며

해낼 수 없는 일은 없다.
오직 하지 않은 일이 존재할 뿐

    이 책의 맨 처음 내용을 혹시 기억하십니까? 그렇습니다. 저는 "축하합니다"라고 했습니다. 여러분이 이 책을 읽은 뒤 내용에 따라 충실히 행동하면 완결의 경험을 더 자주 접하리라 생각했기 때문입니다.

    이 마지막 글을 보고 있는 여러분은 이 책을 끝까지 읽었으니 하나의 완결을 해낸 것입니다. 완결한 여러분에게 진심 어린 감사와 찬사를 보냅니다. 물론 이 책을 읽었다 해서 마법 약을 복용한 듯 당장 슈퍼 히어로로 변신할 수는 없습니다. 지금까지 알게 된 지식과, 변화한 마음가짐을 토대로 행동하는 일이 남아 있습니다.

    이 책을 잘 읽고 덮은 다음 행동하지 않는다면 아무런 소용이 없습니다. 이 책은 전쟁에 나서는 여러분에게 도움이 되는 훌륭한 무기입니다. 그러나 이 무기를 사용하지 않는다면 결코 전쟁에서 이길 수 없습니다. 상대가 아무리 구식의 무기를 가지고 있다 해도 최첨단 무기를 가진 여러분은 그에게 이길 수 없습니다. 여러분이 아무것도 하지 않는다면 말입니다. **행동만이 힘이 있습니다. 행동만이 완결할 수 있는 유일한 방법입니다.**

때로는 더 좋은 무기를 가진 존재도 있습니다. 태생적 부의 차이, 현재까지 닦아온 지식 수준과 학력의 차이, 타고난 지능의 차이, 체력 차이, 마음 건강 차이도 있을 수 있겠죠. 그러나 여러분이 이 불리한 조건들을 이유로 행동하지 않는다면 이 전쟁에서 100퍼센트 집니다. 여러분이 행동한다면, 그리고 앞에 있는 일들을 하나씩 완결해나간다면 처음에는 버거웠던 일들을 손쉽게 처리할 수 있을 만큼 성장할 것입니다. 갓 태어나서 아기였던 시절, 말 한마디 하는 것조차 버거워하던 우리가 지금은 이 책을 너끈히 읽고 이해할 만큼 성장했듯이 말입니다.

해낼 수 있습니다. 여러분은 해낼 수 있고, **여러분 앞에 놓인 일은 그저 아직 하지 않은 일일 뿐입니다.** 물론 단번에 해결되지 않을지도 모릅니다. 여러 번 시도해야 할 수도 있습니다. 그래도 끝내 해낼 수 있습니다. 그리고 그 일을 통해 배운 여러 가지 교훈은 여러분을 너욱 성장시키고 또 다른 일에, 또 다른 전쟁에 출전을 하게 됐을 때 매우 유용하게 쓰일 것입니다. 더욱 성장한 여러분 앞에서는 마냥 불가능해 보이던 일이 점차 그 자세를 낮추게 될 것입니다. 여러분은 반드시 성장합니다.

책의 '들어가며' 글을 다시 펼쳐서 이 책을 읽은 날짜와 성취한 내용을 간략히 적어보십시오. 완결을 축하하며, 앞으로 있을 여러분의 완결을 늘 응원하겠습니다. 머리 숙여 감사드립니다.

불가능, 그것은 사실이 아니라
하나의 의견일 뿐이다.
- 무하마드 알리(세계 헤비급 권투 챔피언)

행동의 완결
― 행동과 성취를 완전히 달라지게 만들 단 한 권의 책

ⓒ 김재성, 2019

초판 1쇄 인쇄 2019년 1월 21일
초판 1쇄 발행 2019년 1월 24일

지은이 김재성
펴낸이 김영훈
편집 눈씨
디자인 김미숙

펴낸곳 안나푸르나
출판신고 2012년 5월 11일
주소 서울시 마포구 월드컵북로 4길 44-7 한솔빌딩 101호
전화 02-3144-4872   **팩스** 0504-849-5150
전자우편 idealism@naver.com

ISBN 979-11-86559-36-9 (03320)

* 저자와의 협의로 인지는 붙이지 않습니다.
* 이 책은 저작권법에 따라 보호받는 저작물이므로 무단 전재와 복제를 금하며,
  이 책의 내용 전부 또는 일부를 이용하려면 반드시 저작권자와 안나푸르나의 서면 동의를 받아야 합니다.
* 유통 중에 파손된 책은 구입하신 서점에서 바꾸어 드리며, 책값은 뒤표지에 있습니다.

이 도서의 국립중앙도서관 출판도서목록(CIP)은 서지정보유통지원시스템 홈페이지(http://seoji.nl.go.kr)와
국가 자료공동목록시스템(http://www.nl.go.kr/kolisner)에서 이용하실 수 있습니다. (CIP제어번호 : CIP2019001541)

완결노트

행동의 완결을 실현해주는 단 한 권의 노트

안나푸르나

완결 노트

완결 노트 쓰는 법

완결 노트 I - 일의 시작

목표를 정하고 목표를 세분화해서 '과업' 단위로 나눕니다.
그리고 과업의 중요도를 판단하세요.
필요한 경우, 데드라인을 설정하세요.

완결 노트 II - 일의 완결

일의 완결 후 시작한 과업의 완결/미완결의 여부와 성공/실패 여부를
정리합니다.
그 외에 완결 노트의 7요소를 작성 해봅니다.

* 왼쪽 페이지는 일을 시작할 때, 오른쪽 페이지는 일을 완결한 후 작성합니다.

완결 노트 III - 체크인/체크아웃 계획법

일을 해나가며 결과물을 챙기는 행동은 일을 완결했을 때
성공에 가까이 다가가게 해줍니다.
체크인/체크아웃 계획법 작성을 통해 성공에 가까이 다가가세요.

* 앞서 완결 노트 I에 작성한 내용을 떠올리며 작성해봅니다.

완결 노트 I - 일의 시작

`How to write`

1. 오늘 날짜를 적으세요.
   20XX. 03. 21

2. 완결하고자 하는 목표를 적고, 과업으로 세분화합니다.

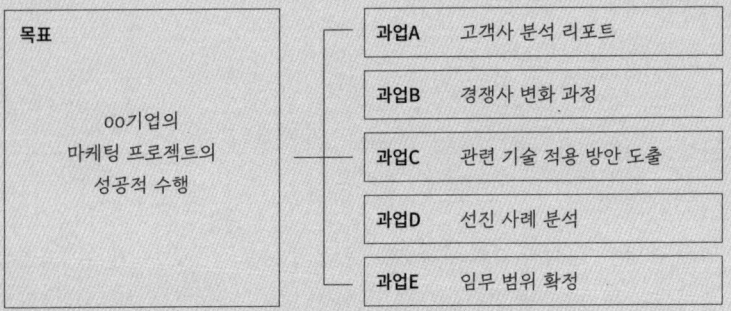

* 과업의 개수가 5가지 이상이면 과업과 과업 사이를 활용해 작성합니다.
* 과업의 총합이 목표인지 다시 한번 확인합니다.

3. 과업의 중요도 및 데드라인을 정합니다.

	과업A	과업B	과업C	과업D	과업E
시급성	5	1	1	3	5
이익 정도	3	3	5	3	5
피해 정도	3	1	5	1	5
총점	11	5	11	7	15
데드라인	4 / 16	6 / 30	9 / 11	7 / 30	5 / 27

완결 노트 II - 일의 완결

`How to write`

---

1. 오늘 날짜를 적으세요.

    20XX. 09. 11

2. 과업의 완결/미완결 여부 및 성패, 만족도를 적어봅니다.

	완결 여부	성공 여부	만족도
과업A	완결	성공	시간대비 좋은 성과를 냄
과업B	미완결	실패	다른 과업 진행 때문에 데드라인을 못 지킴
과업C	완결	성공	평소 관심있었던 분야여서 수월했음
과업D	완결	실패	산출물 완성도가 기대 수준보다 낮았음
과업E	완결	성공	가장 중요한 일이었고 공들인 성과를 냄
목표	마케팅 프로젝트	성공	모든 과업 중 하나를 미완결했으나 중요도가 낮아서 최종 성공함

* 과업은 중요도 순서로 작성합니다.

3. 잘한 점 3가지는?

    1. 계획을 잘 짬   2. 평소 지식의 적용   3. 시간 효율성

4. 개선되면 좋았을 3가지는?

    1. 데드라인 미준수   2. 업무의 꼼꼼함   3. 고객과의 소통

5. 이번 일을 통해 습득하게 된 능력 또는 기술은?

    · 계획하는 법을 명확하게 이해하고 활용

6. 이번 일을 통해 버리게 된 나쁜 습관 및 생각은?

    · 엑셀로 수식 계산할 때 숫자를 직접 입력해서 추적 불가능하게 하는 버릇을 고침

7. 얻게 된 교훈이 있다면?

    · 나도 엑셀을 잘 할 수 있다
    · 데드라인은 수시로 체크하자

완결 노트 III - 체크인/체크아웃 계획법 `How to write`

---

1. 날짜: 오늘 날짜를 적으세요.

2. 관련 목표 page: 일을 시작하며 작성한 목표가 있는 페이지를 적으세요.

3. 체크인/체크아웃 계획법

    오늘 도출해야 하는 결과물을 적으세요. 오늘 할 일이 아닌,
    오늘 도출해야 하는 '결과물'을 작성합니다.

☐ 이 곳에 할 일을 적고, 결과물을 도출하여 체크합니다.

☐ 이 곳에 할 일을 적고, 결과물을 도출하여 체크합니다.

☐ 이 곳에 할 일을 적고, 결과물을 도출하여 체크합니다.

비우선순위 업무

☐ 이 곳에 할 일을 적고, 결과물을 도출하여 체크합니다.
    (비우선순위 업무는 완료해야 하는 기간도 기록합니다.)

완결 노트 III - 체크인/체크아웃 계획법

How to write

---

1. 날짜: 20XX. 07.03

2. 관련 목표 page: 4 page

3. 체크인/체크아웃 계획법

- ☑ 전사 전략 회의 Time line(Deadline/task/Owner) 작성 후 팀 내 공유

- ☑ XX산업 성장 전망(20XX~20YY) Report 작성 후 1차 Review, Update 본 작성 후 팀 내 공유

- ☑ xx기업 M&A 가능 여부 파악을 위한 기초 재무제표 파악 및 요약 Report 작성

비우선순위 업무

- ☐ OO산업 관련 용어집 정리(Excel file로) (Due: 7/15)

결산노트　　　　　　　　　　　　　　　　　　　　　　　　　　　　　　How to write

성공 여부, 재도전 여부, 소감을 작성하세요.

목표	성공 여부	재도전 여부	소감
목표A 온라인 프레젠테이션 강의 완성	성공	다른 주제로 강의 촬영	강의 완성도가 높아 만족스러움 책과의 시너지 기대
목표B 자기계발서 출간	성공	3년 내 또다른 자기계발서 출간	책 제목대로 '행동의 완결'을 실천할 수 있어 만족스러움
목표C 디지털 음반 싱글 발매	실패	20XX년 까지 발매 목표	장기적으로만 생각말고 행동으로 옮기자
목표D			

* 전반적 평가 및 소감(연말 작성)

목표한 바를 많이 이루었지만, 20XX년 까지는 꼭 가수의 꿈을 이루자!

PROJECT

01

완결 노트 I - 일의 시작

1. 날짜:

2. 목표 및 과업

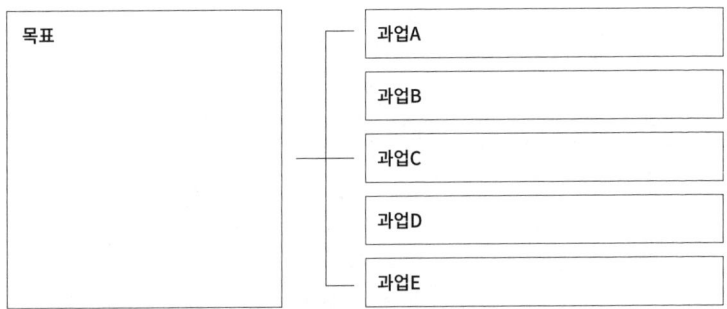

* 과업의 개수가 5가지 이상이면 과업과 과업 사이를 활용해 작성합니다.
* 과업의 총합이 목표인지 다시 한번 확인합니다.

3. 과업의 중요도 및 데드라인 선정

	과업A	과업B	과업C	과업D	과업E
시급성					
이익 정도					
피해 정도					
총점					
데드라인					

완결 노트 II - 일의 완결

1. 날짜:

2. 과업의 완결/미완결, 성패 여부, 만족도

	완결 여부	성공 여부	만족도
과업A			
과업B			
과업C			
과업D			
과업E			
목표			

＊ 과업은 중요도 순서로 작성합니다.

3. 잘한 점 3가지

4. 개선점 3가지

5. 습득 능력/기술

6. 개선한 나쁜 습관/생각

7. 교훈

완결 노트 III - 체크인/체크아웃 계획법

1. 날짜:

2. 관련 목표 page:

3. 체크인/체크아웃 계획법

☐

☐

☐

☐

☐

비우선순위 업무

☐

☐

완결 노트 III - 체크인/체크아웃 계획법

1. 날짜:

2. 관련 목표 page:

3. 체크인/체크아웃 계획법

☐

☐

☐

☐

☐

비우선순위 업무

☐

☐

완결 노트 III - 체크인/체크아웃 계획법

1. 날짜:

2. 관련 목표 page:

3. 체크인/체크아웃 계획법

☐

☐

☐

☐

☐

비우선순위 업무

☐

☐

완결 노트 III - 체크인/체크아웃 계획법

1. 날짜:

2. 관련 목표 page:

3. 체크인/체크아웃 계획법

- [ ]

- [ ]

- [ ]

- [ ]

- [ ]

비우선순위 업무

- [ ]

- [ ]

완결 노트 III - 체크인/체크아웃 계획법

1. 날짜:

2. 관련 목표 page:

3. 체크인/체크아웃 계획법

☐

☐

☐

☐

☐

비우선순위 업무

☐

☐

완결 노트 III - 체크인/체크아웃 계획법

1. 날짜:

2. 관련 목표 page:

3. 체크인/체크아웃 계획법

☐

☐

☐

☐

☐

비우선순위 업무

☐

☐

결산노트

성공 여부, 재도전 여부, 소감을 작성하세요.

목표	성공 여부	재도전 여부	소감
목표A			
목표B			
목표C			
목표D			

* 전반적 평가 및 소감(연말 작성)

PROJECT

02

완결 노트 I - 일의 시작

1. 날짜:

2. 목표 및 과업

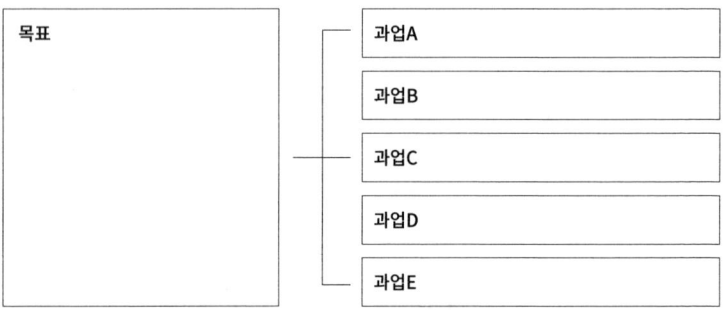

* 과업의 개수가 5가지 이상이면 과업과 과업 사이를 활용해 작성합니다.

* 과업의 총합이 목표인지 다시 한번 확인합니다.

3. 과업의 중요도 및 데드라인 선정

	과업A	과업B	과업C	과업D	과업E
시급성					
이익 정도					
피해 정도					
총점					
데드라인					

완결 노트 II - 일의 완결

1. 날짜:

2. 과업의 완결/미완결, 성패 여부, 만족도

	완결 여부	성공 여부	만족도
과업A			
과업B			
과업C			
과업D			
과업E			
목표			

* 과업은 중요도 순서로 작성합니다.

3. 잘한 점 3가지

4. 개선점 3가지

5. 습득 능력/기술

6. 개선한 나쁜 습관/생각

7. 교훈

완결 노트 III - 체크인/체크아웃 계획법

1. 날짜:

2. 관련 목표 page:

3. 체크인/체크아웃 계획법

☐

☐

☐

☐

☐

비우선순위 업무

☐

☐

완결 노트 III - 체크인/체크아웃 계획법

1. 날짜:

2. 관련 목표 page:

3. 체크인/체크아웃 계획법

☐

☐

☐

☐

☐

비우선순위 업무

☐

☐

완결 노트 III - 체크인/체크아웃 계획법

1. 날짜:

2. 관련 목표 page:

3. 체크인/체크아웃 계획법

☐

☐

☐

☐

☐

비우선순위 업무

☐

☐

완결 노트 III - 체크인/체크아웃 계획법

1. 날짜:

2. 관련 목표 page:

3. 체크인/체크아웃 계획법

☐

☐

☐

☐

☐

비우선순위 업무

☐

☐

완결 노트 III - 체크인/체크아웃 계획법

1. 날짜:

2. 관련 목표 page:

3. 체크인/체크아웃 계획법

☐

☐

☐

☐

☐

비우선순위 업무

☐

☐

완결 노트 III - 체크인/체크아웃 계획법

---

1. 날짜:

2. 관련 목표 page:

3. 체크인/체크아웃 계획법

☐

☐

☐

☐

☐

비우선순위 업무

☐

☐

결산노트

성공 여부, 재도전 여부, 소감을 작성하세요.

목표	성공 여부	재도전 여부	소감
목표A			
목표B			
목표C			
목표D			

* 전반적 평가 및 소감(연말 작성)

PROJECT

03

완결 노트 I - 일의 시작

1. 날짜:

2. 목표 및 과업

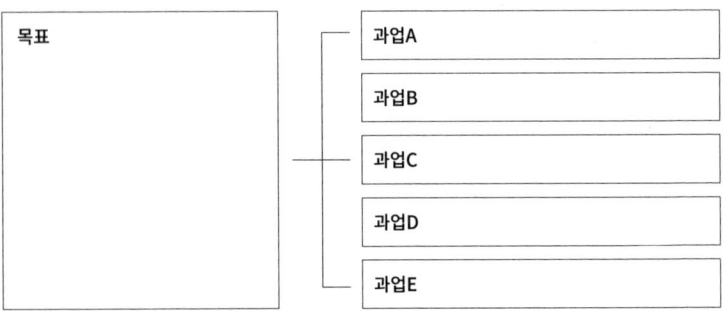

* 과업의 개수가 5가지 이상이면 과업과 과업 사이를 활용해 작성합니다.
* 과업의 총합이 목표인지 다시 한번 확인합니다.

3. 과업의 중요도 및 데드라인 선정

	과업A	과업B	과업C	과업D	과업E
시급성					
이익 정도					
피해 정도					
총점					
데드라인					

완결 노트 II - 일의 완결

1. 날짜:

2. 과업의 완결/미완결, 성패 여부, 만족도

	완결 여부	성공 여부	만족도
과업A			
과업B			
과업C			
과업D			
과업E			
목표			

                   ＊ 과업은 중요도 순서로 작성합니다.

3. 잘한 점 3가지

4. 개선점 3가지

5. 습득 능력/기술

6. 개선한 나쁜 습관/생각

7. 교훈

완결 노트 III - 체크인/체크아웃 계획법

1. 날짜:

2. 관련 목표 page:

3. 체크인/체크아웃 계획법

☐

☐

☐

☐

☐

비우선순위 업무

☐

☐

완결 노트 III - 체크인/체크아웃 계획법

1. 날짜:

2. 관련 목표 page:

3. 체크인/체크아웃 계획법

☐

☐

☐

☐

☐

비우선순위 업무

☐

☐

완결 노트 III - 체크인/체크아웃 계획법

1. 날짜:

2. 관련 목표 page:

3. 체크인/체크아웃 계획법

☐

☐

☐

☐

☐

비우선순위 업무

☐

☐

완결 노트 III - 체크인/체크아웃 계획법

---

1. 날짜:

2. 관련 목표 page:

3. 체크인/체크아웃 계획법

☐

☐

☐

☐

☐

비우선순위 업무

☐

☐

완결 노트 III - 체크인/체크아웃 계획법

1. 날짜:

2. 관련 목표 page:

3. 체크인/체크아웃 계획법

☐

☐

☐

☐

☐

비우선순위 업무

☐

☐

완결 노트 III - 체크인/체크아웃 계획법

---

1. 날짜:

2. 관련 목표 page:

3. 체크인/체크아웃 계획법

☐

☐

☐

☐

☐

비우선순위 업무

☐

☐

결산노트

성공 여부, 재도전 여부, 소감을 작성하세요.

목표	성공 여부	재도전 여부	소감
목표A			
목표B			
목표C			
목표D			

* 전반적 평가 및 소감(연말 작성)

PROJECT

04

완결 노트 I - 일의 시작

1. 날짜:

2. 목표 및 과업

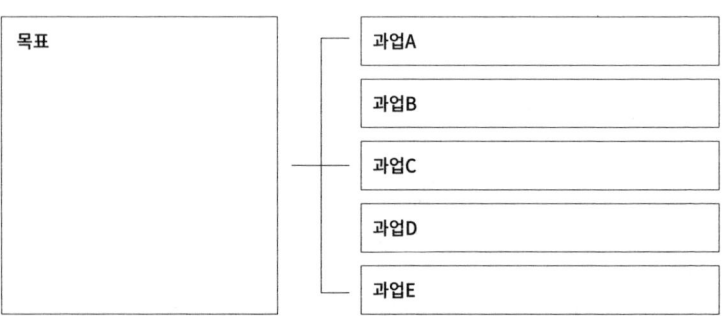

* 과업의 개수가 5가지 이상이면 과업과 과업 사이를 활용해 작성합니다.
* 과업의 총합이 목표인지 다시 한번 확인합니다.

3. 과업의 중요도 및 데드라인 선정

	과업A	과업B	과업C	과업D	과업E
시급성					
이익 정도					
피해 정도					
총점					
데드라인					

완결 노트 II - 일의 완결

1. 날짜:

2. 과업의 완결/미완결, 성패 여부, 만족도

	완결 여부	성공 여부	만족도
과업A			
과업B			
과업C			
과업D			
과업E			
목표			

* 과업은 중요도 순서로 작성합니다.

3. 잘한 점 3가지

4. 개선점 3가지

5. 습득 능력/기술

6. 개선한 나쁜 습관/생각

7. 교훈

완결 노트 III - 체크인/체크아웃 계획법

1. 날짜:

2. 관련 목표 page:

3. 체크인/체크아웃 계획법

☐

☐

☐

☐

☐

비우선순위 업무

☐

☐

완결 노트 III - 체크인/체크아웃 계획법

---

1. 날짜:

2. 관련 목표 page:

3. 체크인/체크아웃 계획법

☐

☐

☐

☐

☐

비우선순위 업무

☐

☐

완결 노트 III - 체크인/체크아웃 계획법

1. 날짜:

2. 관련 목표 page:

3. 체크인/체크아웃 계획법

☐

☐

☐

☐

☐

비우선순위 업무

☐

☐

완결 노트 III - 체크인/체크아웃 계획법

1. 날짜:

2. 관련 목표 page:

3. 체크인/체크아웃 계획법

☐

☐

☐

☐

☐

비우선순위 업무

☐

☐

완결 노트 III - 체크인/체크아웃 계획법

1. 날짜:

2. 관련 목표 page:

3. 체크인/체크아웃 계획법

☐

☐

☐

☐

☐

비우선순위 업무

☐

☐

완결 노트 III - 체크인/체크아웃 계획법

---

1. 날짜:

2. 관련 목표 page:

3. 체크인/체크아웃 계획법

☐

☐

☐

☐

☐

비우선순위 업무

☐

☐

결산노트

성공 여부, 재도전 여부, 소감을 작성하세요.

목표	성공 여부	재도전 여부	소감
목표A			
목표B			
목표C			
목표D			

* 전반적 평가 및 소감(연말 작성)

PROJECT

05

완결 노트 I - 일의 시작

1. 날짜:

2. 목표 및 과업

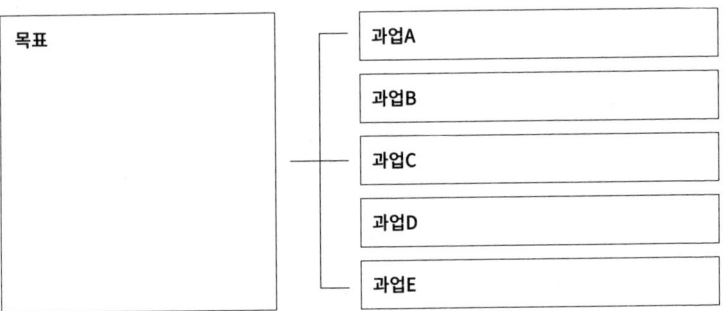

* 과업의 개수가 5가지 이상이면 과업과 과업 사이를 활용해 작성합니다.
* 과업의 총합이 목표인지 다시 한번 확인합니다.

3. 과업의 중요도 및 데드라인 선정

	과업A	과업B	과업C	과업D	과업E
시급성					
이익 정도					
피해 정도					
총점					
데드라인					

완결 노트 II - 일의 완결

1. 날짜:

2. 과업의 완결/미완결, 성패 여부, 만족도

	완결 여부	성공 여부	만족도
과업A			
과업B			
과업C			
과업D			
과업E			
목표			

* 과업은 중요도 순서로 작성합니다.

3. 잘한 점 3가지

4. 개선점 3가지

5. 습득 능력/기술

6. 개선한 나쁜 습관/생각

7. 교훈

완결 노트 III - 체크인/체크아웃 계획법

1. 날짜:

2. 관련 목표 page:

3. 체크인/체크아웃 계획법

☐

☐

☐

☐

☐

비우선순위 업무

☐

☐

완결 노트 III - 체크인/체크아웃 계획법

1. 날짜:

2. 관련 목표 page:

3. 체크인/체크아웃 계획법

☐

☐

☐

☐

☐

비우선순위 업무

☐

☐

완결 노트 III - 체크인/체크아웃 계획법

1. 날짜:

2. 관련 목표 page:

3. 체크인/체크아웃 계획법

☐

☐

☐

☐

☐

비우선순위 업무

☐

☐

완결 노트 III - 체크인/체크아웃 계획법

1. 날짜:

2. 관련 목표 page:

3. 체크인/체크아웃 계획법

☐

☐

☐

☐

☐

비우선순위 업무

☐

☐

완결 노트 III - 체크인/체크아웃 계획법

---

1. 날짜:

2. 관련 목표 page:

3. 체크인/체크아웃 계획법

☐

☐

☐

☐

☐

비우선순위 업무

☐

☐

완결 노트 III - 체크인/체크아웃 계획법

1. 날짜:

2. 관련 목표 page:

3. 체크인/체크아웃 계획법

☐

☐

☐

☐

☐

비우선수위 업무

☐

☐

결산노트

성공 여부, 재도전 여부, 소감을 작성하세요.

목표	성공 여부	재도전 여부	소감
목표A			
목표B			
목표C			
목표D			

* 전반적 평가 및 소감(연말 작성)

P
R
O
J
E
C
T

06

완결 노트 I - 일의 시작

1. 날짜:

2. 목표 및 과업

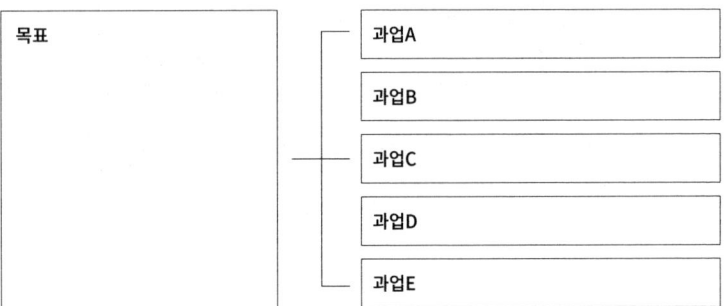

* 과업의 개수가 5가지 이상이면 과업과 과업 사이를 활용해 작성합니다.
* 과업의 총합이 목표인지 다시 한번 확인합니다.

3. 과업의 중요도 및 데드라인 선정

	과업A	과업B	과업C	과업D	과업E
시급성					
이익 정도					
피해 정도					
총점					
데드라인					

완결 노트 II - 일의 완결

1. 날짜:

2. 과업의 완결/미완결, 성패 여부, 만족도

	완결 여부	성공 여부	만족도
과업A			
과업B			
과업C			
과업D			
과업E			
목표			

* 과업은 중요도 순서로 작성합니다.

3. 잘한 점 3가지

4. 개선점 3가지

5. 습득 능력/기술

6. 개선한 나쁜 습관/생각

7. 교훈

완결 노트 III - 체크인/체크아웃 계획법

1. 날짜:

2. 관련 목표 page:

3. 체크인/체크아웃 계획법

☐

☐

☐

☐

☐

비우선순위 업무

☐

☐

완결 노트 III - 체크인/체크아웃 계획법

1. 날짜:

2. 관련 목표 page:

3. 체크인/체크아웃 계획법

☐

☐

☐

☐

☐

비우선순위 업무

☐

☐

완결 노트 III - 체크인/체크아웃 계획법

1. 날짜:

2. 관련 목표 page:

3. 체크인/체크아웃 계획법

☐

☐

☐

☐

☐

비우선순위 업무

☐

☐

완결 노트 III - 체크인/체크아웃 계획법

1. 날짜:

2. 관련 목표 page:

3. 체크인/체크아웃 계획법

☐

☐

☐

☐

☐

비우선순위 업무

☐

☐

완결 노트 III - 체크인/체크아웃 계획법

1. 날짜:

2. 관련 목표 page:

3. 체크인/체크아웃 계획법

☐

☐

☐

☐

☐

비우선순위 업무

☐

☐

완결 노트 III - 체크인/체크아웃 계획법

1. 날짜:

2. 관련 목표 page:

3. 체크인/체크아웃 계획법

☐

☐

☐

☐

☐

비우선순위 업무

☐

☐

결산노트

성공 여부, 재도전 여부, 소감을 작성하세요.

목표	성공 여부	재도전 여부	소감
목표A			
목표B			
목표C			
목표D			

* 전반적 평가 및 소감(연말 작성)

PROJECT

07

완결 노트 I - 일의 시작

1. 날짜:

2. 목표 및 과업

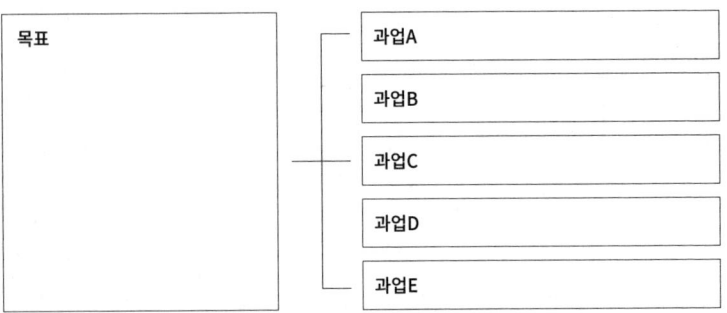

* 과업의 개수가 5가지 이상이면 과업과 과업 사이를 활용해 작성합니다.
* 과업의 총합이 목표인지 다시 한번 확인합니다.

3. 과업의 중요도 및 데드라인 선정

	과업A	과업B	과업C	과업D	과업E
시급성					
이익 정도					
피해 정도					
총점					
데드라인					

완결 노트 II - 일의 완결

1. 날짜:

2. 과업의 완결/미완결, 성패 여부, 만족도

	완결 여부	성공 여부	만족도
과업A			
과업B			
과업C			
과업D			
과업E			
목표			

* 과업은 중요도 순서로 작성합니다.

3. 잘한 점 3가지

4. 개선점 3가지

5. 습득 능력/기술

6. 개선한 나쁜 습관/생각

7. 교훈

완결 노트 III - 체크인/체크아웃 계획법

1. 날짜:

2. 관련 목표 page:

3. 체크인/체크아웃 계획법

☐

☐

☐

☐

☐

비우선순위 업무

☐

☐

완결 노트 III - 체크인/체크아웃 계획법

1. 날짜:

2. 관련 목표 page:

3. 체크인/체크아웃 계획법

☐

☐

☐

☐

☐

비우선순위 업무

☐

☐

완결 노트 III - 체크인/체크아웃 계획법

1. 날짜:

2. 관련 목표 page:

3. 체크인/체크아웃 계획법

☐

☐

☐

☐

☐

비우선순위 업무

☐

☐

완결 노트 III - 체크인/체크아웃 계획법

---

1. 날짜:

2. 관련 목표 page:

3. 체크인/체크아웃 계획법

☐

☐

☐

☐

☐

비우선순위 업무

☐

☐

완결 노트 III - 체크인/체크아웃 계획법

1. 날짜:

2. 관련 목표 page:

3. 체크인/체크아웃 계획법

☐

☐

☐

☐

☐

비우선순위 업무

☐

☐

완결 노트 III - 체크인/체크아웃 계획법

1. 날짜:

2. 관련 목표 page:

3. 체크인/체크아웃 계획법

☐

☐

☐

☐

☐

비우선순위 업무

☐

☐

결산노트

성공 여부, 재도전 여부, 소감을 작성하세요.

목표	성공 여부	재도전 여부	소감
목표A			
목표B			
목표C			
목표D			

* 전반적 평가 및 소감(연말 작성)

PROJECT

08

완결 노트 I - 일의 시작

1. 날짜:

2. 목표 및 과업

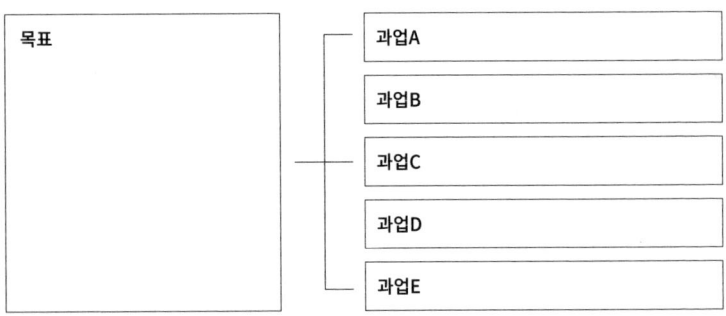

* 과업의 개수가 5가지 이상이면 과업과 과업 사이를 활용해 작성합니다.
* 과업의 총합이 목표인지 다시 한번 확인합니다.

3. 과업의 중요도 및 데드라인 선정

	과업A	과업B	과업C	과업D	과업E
시급성					
이익 정도					
피해 정도					
총점					
데드라인					

완결 노트 II - 일의 완결

1. 날짜:

2. 과업의 완결/미완결, 성패 여부, 만족도

	완결 여부	성공 여부	만족도
과업A			
과업B			
과업C			
과업D			
과업E			
목표			

* 과업은 중요도 순서로 작성합니다.

3. 잘한 점 3가지

4. 개선점 3가지

5. 습득 능력/기술

6. 개선한 나쁜 습관/생각

7. 교훈

완결 노트 III - 체크인/체크아웃 계획법

1. 날짜:

2. 관련 목표 page:

3. 체크인/체크아웃 계획법

☐

☐

☐

☐

☐

비우선순위 업무

☐

☐

완결 노트 III - 체크인/체크아웃 계획법

1. 날짜:

2. 관련 목표 page:

3. 체크인/체크아웃 계획법

- [ ]
- [ ]
- [ ]
- [ ]
- [ ]

비우선순위 업무

- [ ]
- [ ]

결산노트

성공 여부, 재도전 여부, 소감을 작성하세요.

목표	성공 여부	재도전 여부	소감
목표A			
목표B			
목표C			
목표D			

* 전반적 평가 및 소감(연말 작성)

MEMO

MEMO

MEMO

MEMO

완결노트 2019. 제작. 안나푸르나